CHWARTER CANRIF
GALWAD CYNNAR

GOLYGYDD
Aled P. Jones

Dymuna'r awdur a'r wasg ddiolch o waelod calon i bawb a gyfrannodd i'r gyfrol hon, ac i'r canlynol am gael defnyddio'u lluniau.

Paul Boland *(Llanerchaeron)*

Croeso Cymru *(Ynys Sgomer o'r Awyr)*

Neil a Nia Davies *(Y Wiber Ddu tud. 80)*

Twm Elias *(Map Afon Teifi ac Idris Mathias)*

Anna Fôn *(Deri Tomos tud. 136)*

Frank Greenaway/The Vincent Wildlife Trust *(Bele Goed)*

Greenpeace yr Alban *(Llygredd Plastig)*

Mari Huws *(Llygredd Plastig)*

Gwenan Pennant Jones/BBC Radio Cymru

NASA *(Larsen C)*

Richard Neale *(Egryn/Plas yn Rhiw)*

Keith O'Brien *(Lluniau tud. 32/33 ac Elyrch tud. 105)*

Dr Elinor Young *(Dilyn yr Elyrch)*

Argraffiad cyntaf: 2018
© testun a lluniau: Aled P. Jones
© cyhoeddiad: Gwasg Carreg Gwalch
Dylunio: Eleri Owen

Rhif Llyfr Safonol Rhyngwladol:
978-1-84527-667-6

Cyhoeddwyd gan
Gwasg Carreg Gwalch,
12 Iard yr Orsaf, Llanrwst,
Dyffryn Conwy, Cymru LL26 0EH.

Ffôn: 01492 642031
e-bost: llyfrau@carreg-gwalch.cymru
lle ar y we: www.carreg-gwalch.cymru

Cyhoeddwyd gyda chymorth Cyngor Llyfrau Cymru.

Cyflwynedig i fy rhieni
Hugh Stanley a Mair Evelyn

Dymunaf ddiolch i bawb, y ddau ben i'r meicroffon,
ond yn fwy na dim, diolch i'r gynulleidfa am fod yno.

Cynnwys

Rhai o Bobol *Galwad*

Ni fyddai'n bosib cynhyrchu'r rhaglen heb ein cyfranwyr rheolaidd.
Dyma rai o'r selogion sy'n ymddangos yn y gyfrol hon.

Duncan Brown

Cyn ymddeol, bu'n Uwch-warden ac Uwch-reolwr gyda Chyngor Cefn Gwlad Cymru, ac ef sy'n gyfrifol am wefan Llên Natur.

Twm Elias

Naturiaethwr dihafal, a chyn-drefnydd cyrsiau ym Mhlas Tan y Bwlch.

Geraint George

Y diweddar Geraint George oedd daearegwr *Galwad Cynnar*. Bu'n gyfarwyddwr ar y cwrs Rheolaeth Cefn Gwlad yn y Coleg Normal gynt.

Elinor Gwynn

Bardd coronog, a warden i'r Ymddiriedolaeth Genedlaethol ym Mhenfro cyn ymuno â Chyngor Cefn Gwlad Cymru/ Cyfoeth Naturiol Cymru.

Daniel Jenkins-Jones

Cyn-gyflwynydd a chynhyrchydd *Galwad Cynnar*. Bu'n gweithio i'r RSPB am rai blynyddoedd.

Bethan Wyn Jones

Naturiaethwraig o Fôn. Awdur nifer o gyfrolau yn cynnwys *Blodau Gwyllt Cymru ac Ynysoedd Prydain* (2015).

Dyfrig Jones

Ymgynghorydd Amgylcheddol ac arbenigwr ar afonydd.

Keith Jones

Erbyn hyn, mae'n ymgynghorydd ynni i'r Ymddiriedolaeth Genedlaethol. Cyn-warden yng Nghraflwyn, Beddgelert.

Kelvin Jones

Cyn-blismon, a bellach yn adarydd proffesiynol gyda'r BTO.

Hywel Roberts

Am flynyddoedd, bu'n warden ar Gwm Idwal, Coedydd Aber a'r Wyddfa.

Goronwy Wynne

Un o brif fotanegwyr Cymru, ac enillydd Llyfr y Flwyddyn am ei gyfrol *Blodau Cymru*.

Iolo Williams

Adarwr sydd yn ymddangos yn reolaidd ar raglenni'r BBC ac S4C. Awdur nifer o gyfrolau yn y Gymraeg a'r Saesneg ar fyd natur.

Math Williams

Daearegydd fu'n gweithio gyda chwmnïau olew cyn ddychwelyd i Gymru.

Cyflwyniad

Hanner awr wedi tri ar fore gaeafol, ac mae sŵn glaw ar y ffenest a thician y cloc wrth ochor y gwely yn gyfeiliant undonog i rochian braf y ddau gi sydd yn mynnu cysgu tu allan i ddrws y llofft. Cwta funud sydd gen i, i orwedd ar ludw cwsg yn gwrando ar y nos gan herian fy hun i beidio llithro'n ôl i fyd Morffews. Yna, mae sgrech y cloc yn rhwygo trwy freuddwydion blewog y cŵn, ac wrth iddyn nhw ddrybowndian i lawr y grisiau mae'n bryd i minnau faglu'n drwsgl allan o 'ngwely. Mae hi'n fore Sadwrn, ac mae *Galwad Cynnar* yn fyw ar Radio Cymru am hanner awr wedi chwech.

Fel yna y bu hi am tua un mlynedd ar bymtheg – deffro cyn y larwm bob bore Sadwrn, bron yn ddi-feth, yn benderfynol o beidio ildio 'ngwely nes y deuai'r caniad croch 'na. Molchi wedyn, brecwast a bwyd i'r cŵn, cyn cychwyn i Fangor i baratoi ar gyfer y rhaglen. Bron yn ddieithriad, fe fyddai Gerallt Pennant yno yn barod (rhaid bod ganddo fo ddau gloc larwm). Byddai eisoes yn y stiwdio yn gosod 'i bapurau yn eu trefn, ac yn sicrhau bod pob un o'r meicroffonau oedd yn glwstwr ar y ddesg ddarlledu yn barod i'r gwesteion fyddai'n cyrraedd y stiwdio erbyn saith o'r gloch. Mae paratoi yn drylwyr yn rhan o grefft a natur pob cyflwynydd da, ac mae 'rhen Gerallt gyda'r gorau – ac yn hen law ar y gwaith.

Mae ceisio olrhain hanes cynnar *Galwad* braidd fel chwilio am bluen o stêm mewn carthen o niwl. Methiant fu pob ymgais i gael gafael ar y *Galwad Cynnar* cyntaf un, a'r rhaglen gynharaf a ddaeth i'r fei oedd un a ddarlledwyd rywbryd yn ystod mis Hydref 1993, gyda Non Vaughan Williams yn cynhyrchu. Y cyflwynydd radio profiadol Richard Rees oedd yn wynebu un o feicroffonau'r BBC yn Abertawe, ac yn derbyn yr awenau o law'r Adran Gyflwyno yng Nghaerdydd i ddweud:

'Diolch yn fawr, a chroeso i chi [CERDDORIAETH YN DECHRAU]. Ie, bore da Gymry, a chroeso i chi i rifyn arall o'r *Galwad Cynnar* …'

Roedd y gerddoriaeth yn wahanol i'r arwyddgan ddaeth yn gyfarwydd yn ddiweddarach, ac awr o raglen oedd hi, yn rhedeg o hanner awr wedi chwech tan hanner awr wedi saith

Richard Rees yn paratoi i ddarlledu o stiwdio Galwad

(er bod hynny'n amrywio weithiau, yn ôl y gofynion). Ond roedd rhai o'r elfennau sydd wedi dod yn nodweddion o'r gyfres dros y blynyddoedd ynddi o'r dechrau.

Eisoes, roedd Richard Rees yn llais cyfarwydd iawn yng Nghymru. Dechreuodd ei yrfa ddarlledu ar orsaf Sain Abertawe yn 1974 a daeth yn gyflwynydd poblogaidd ar wasanaeth Cymraeg y BBC yn 1976 gyda *Sosban* – rhaglen deirawr o gerddoriaeth ar foreau Sadwrn.

Pan gychwynnodd *Galwad Cynnar*, roedd profiad ac arddull ddarlledu rwydd a sgwrsiol Richard yn gaffaeliad mawr. Cymysgedd o gerddoriaeth a sgyrsiau a gaed yn y rhaglenni cynharaf gan fwyaf, a diddordeb Richard ym myd natur a chefn gwlad Cymru yn amlygu ei hun yn y sgyrsiau. Roedd ambell enw ddeuai'n rhai cyfarwydd iawn ar *Galwad* yn amlwg yn y sgyrsiau cynnar hyn: Jon Gower, Duncan Brown ... a rhyw lefnyn o'r gogledd o'r enw Gerallt Pennant. Ysywaeth, ar waethaf ymdrechion dewr archifwyr presennol y BBC yng Nghaerdydd i ddod o hyd iddyn nhw, mae'n ymddangos mai ychydig iawn o'r *Galwadau Cynnar* hyn sy'n dal ar gadw ym meddiant y Gorfforaeth erbyn heddiw.

Ond roedd gan Richard Rees yrfa arall hefyd, ac ar ddechrau'r nawdegau roedd cyfrwng arall yn hudo'i ddoniau, ac yntau'n datblygu'n gynhyrchydd teledu profiadol a phrysur. Dim syndod, felly, iddo roi'r gorau i gyflwyno *Galwad Cynnar* er mwyn canolbwyntio ar y myrdd o brosiectau eraill oedd ganddo ar y gweill. Ac felly y bu.

Am rai misoedd wedyn, bu sawl un arall, yn cynnwys Daniel Jenkins-Jones a'r diweddar E. Wyn Jones (fel Richard, roedd yntau wedi cychwyn ar ei yrfa ddarlledu gyda Sain Abertawe) yn cyflwyno'r rhaglen. Yna, tua diwedd 1996, a Wyn wedi cefnu ar y meicroffon i ganolbwyntio ar agweddau technegol darlledu, gadawodd y rhaglen ei chartref mebyd yn y de. Erbyn 14 Rhagfyr y flwyddyn honno, roedd cynulleidfa Radio Cymru yn prysur gynefino â llais gwahanol, ac acen

wahanol, yn dweud: '*Bore da iawn i chi. Croeso'n ôl at Radio Cymru, yn darlledu rhwng 92 a 105 FM ...*' cyn i'r arwyddgan (sydd yn hen-gyfarwydd erbyn hyn) ddechrau ac i'r cyflwynydd fynd ati i restru cynnwys y rhaglen.

Roedd *Galwad Cynnar* wedi cyrraedd Bangor, gyda Llinos Wynne yn ei chynhyrchu a Gerallt Pennant yn cyflwyno. Rhaglen ddwyawr oedd hi erbyn hyn, o chwech tan wyth, ond roedd hi'n parhau i fod yn gymysgedd o gerddoriaeth a sgwrsio. Elfen newydd oedd wedi ymddangos yn y rhaglen erbyn hyn oedd y Gystadleuaeth. Yn y cyfnod hwnnw, roedd cystadlaethau yn elfennau poblogaidd iawn mewn rhaglenni radio, a datblygodd cystadleuaeth *Galwad* i fod yn un o'r rhai mwyaf llwyddiannus ar Radio Cymru. Darn poblogaidd arall o'r rhaglen oedd y pecyn garddio, a'r gynulleidfa'n cael manteisio ar brofiad a gwybodaeth arddio eang arbenigwyr megis Alun Williams, Ardudwy, a Maldwyn Thomas, Dolgellau. Byddai Gerallt yn mynd allan yn ystod yr wythnos i recordio sgwrs gydag ambell grefftwr, wardeniaid cefn gwlad, 'sgotwr neu wladwr, yn ogystal â chyflwyno pecyn Sadyrnol *Byd Amaeth*, oedd yn elfen o *Galwad Cynnar* bryd hynny. Ac roedd y darlledwr, y llenor, a'r adarydd craff Jon Gower yn cyfrannu pecyn natur wythnosol i'r rhaglen.

Yn y cyfamser roeddwn i, ar ôl bod yn gynhyrchydd radio ers 1982, yn llongyfarch fy hun am lwyddo i barhau yn fy swydd cyhyd heb erioed orfod codi'n ofnadwy o gynnar, na mynd allan i recordio unrhyw beth yn y glaw. Ond un diwrnod, a finnau (ymhlith prosiectau eraill) yn gweithio ar

Recordio yn Yr Wyddgrug

drosleisio'r *Teletubbies* i'r Gymraeg a chynhyrchu tymor o ddramâu radio, dyma Marian Wyn Jones (pennaeth BBC Bangor ar y pryd) yn dod i mewn i'm swyddfa i (doedd y ffasiwn *open plan* ddim wedi'n cyrraedd ni ym Mangor ar y pryd) a gofyn, 'Fedri di wneud cymwynas fach â mi …?' Cymryd awenau *Galwad Cynnar* dros dro oedd y gymwynas, a feddyliodd Marian, mwy na finnau, erioed y byddai'r 'dros dro' hwnnw'n parhau am weddill fy ngyrfa i yn y BBC, a thu hwnt hefyd. Mae 'nyled i'n fawr iddi am roi *Galwad* yn fy nwylo i. Diolch, Marian.

Mae pob cynhyrchydd yn rhoi ei stamp ei hun ar y rhaglenni dan ei ofal. I mi, a finnau'n naturiaethwr (un amaturaidd iawn, cofiwch) erioed, cyfle oedd hwn i roi tipyn mwy o sylw i fywyd gwyllt yn y rhaglen, trwy leihau'r elfen gerddorol yn raddol a chanolbwyntio'r trafodaethau fwyfwy ar agweddau amrywiol o fyd natur a chadwraeth. O'r herwydd, roedd o'n gyfle hefyd i hudo ychwaneg o'r Cymry Cymraeg sy'n gweithio yn y meysydd hyn at y meicroffon. Ac yn gyfle, ar lefel hunanol iawn, mae'n siŵr, i minnau (ynghyd â'r gynulleidfa) ddysgu mwy am fyd natur a'r ymdrechion oedd – ac sydd – yn cael eu gwneud, yng Nghymru a thu hwnt, i'w arbed rhag mynd ar ddifancoll. I mi, roedd diben tu hwnt i adloniant i *Galwad Cynnar*, a dyna oedd o.

Erbyn hyn, a finnau wedi ymddeol, fwy neu lai, mae awenau *Galwad* mewn dwylo newydd unwaith eto. Bu Ann Fôn, Dwynwen Morgan a Catrin Huws yn llywio'r rhaglen am gyfnod. Ac wrth i Gwennan Pennant Jones roi ei stamp hithau ar y rhaglen, mae *Galwad Cynnar* mewn dwylo da, ac yn parhau i fod mor boblogaidd – a pherthnasol – ag erioed, ac yn un o gonglfeini Radio Cymru.

Aled P. Jones
Hydref 2018

Noddfa'r Golygydd

Atgofion y cyflwynydd

Oni bai am *Galwad Cynnar* mae'n bosib y byddai pencadlys y BBC ym Mryn Meirion, Bangor, wedi llosgi'n ulw rai blynyddoedd yn ôl. Yn y tân hwnnw byddai archif amhrisiadwy o raglenni wedi bod yn lludw llwyd, penddelw Sam Jones yn golsyn ac mi fyddai Gareth Glyn yn croesawu gwrandawyr y *Post Prynhawn* o'i loches dan Bont y Borth.

Dyma beth ddigwyddodd. Penderfynwyd y byddai'n syniad cynnig tamaid o frecwast i westeion *Galwad Cynnar*. Paned a thafell neu ddwy o dost a marmalêd. 'Iym iym', ys dywed Twm Elias. Mi fyddai tincial y llwyau te, a chlenc y tostiwr yn synau cefndir dymunol ac yn gyfeiliant i'r sgwrs. Dyna pam, ar brynhawn dydd Gwener digon di-nod, y cefais fenthyg y tostiwr o gegin Bryn Meirion er mwyn gweld ble yn y stiwdio y medrwn fwydo'r bara i'w fol, estyn y tost, taenu'r marmalêd a dal rhyw gymaint o ben rheswm efo'r sawl a fyddai'n eistedd gyferbyn â mi'r bore canlynol. Y lle gorau i'r tostiwr oedd yn union islaw'r ffroenwr mwg. Fel y daeth y ddwy dafell gyntaf i'r fei, dyma holl glychau tân Bryn Meirion yn cyd-ganu. Ys dywedodd Ifas y Tryc, embaras, hwnna ydi o! Yn ôl y drefn bu'n rhaid gwagio'r adeilad, ac aros am yr injan dân. Un o ragofalon y BBC ydi'r cyswllt uniongyrchol rhwng y stiwdio a'r orsaf dân agosaf,

ond wedi aros, ac aros mwy, ni ddaeth yr un injan dân i Fryn Meirion y prynhawn dydd Gwener hwnnw. Mae tri diweddglo hapus i'r bennod fach yma yn hanes Bryn Meirion. Un (dibwys a dweud y gwir), petai'r injan wedi cyrraedd mi fyddai'n rhaid bod wedi talu £350 am alwad ddiangen. Dau (bron yr un mor ddibwys), iogwrt a ffrwythau fu brecwast *Galwad Cynnar* o hynny allan. Tri (ac mae hyn yn bwysig), canfuwyd nam yn y cyswllt rhwng Bryn Meirion a'r orsaf dân – bai a gafodd ei gywiro, ac na fydd yn bodoli byth eto. Ie, oni bai am *Galwad Cynnar* ...

Ugain mlynedd a mwy yn ddiweddarach, mae hanes y tostiwr a'r tân yn fy atgoffa am gyfnodau yn hanes *Galwad Cynnar*, rhaglen y mae hi wedi bod yn fraint aruthrol i mi fod ynghlwm â hi. Cyfnod y sgwrs dros frecwast oedd y cyfnod uchod; cafwyd cyfnod y darllediadau allanol, a'r cyfnod diweddaraf ydi ymweld â gwahanol ardaloedd trwy wahoddiad mudiadau a chymdeithasau. Ara deg a bob yn dipyn y tyfodd *Galwad Cynnar* i fod beth ydi hi erbyn heddiw, ac mae fy niolch i'r holl bobl sydd wedi bod efo fi ar y daith yn ddiffuant a didwyll. Ar gychwyn y daith roeddem yn byw mewn byd 'di-Gŵgl' ac roed canfod 'gwrandawr pell' – hynny yw, rhywun oedd yn gallu clywed

Bryn Meirion, Bangor

Hen beiriant tap chwarter modfedd gyda bloc golygu. Hen dechnoleg 'stalwm.

Radio Cymru i'r gogledd o Blackpool – yn destun llawenydd a rhyfeddod, ac mi fyddai pobl yn llythyru â ni yn LL57 2BY!

Horwth o beth tua maint bocs 'sgidia oedd fy Uher – fy mheiriant recordio, llyncwr trwm y batris tewion a chydymaith cynnar y cyfnod sgyrsiau garddio. Hwn fu'n recordio yng ngerddi Carys Whelan a John Glyn, ac efo'r diweddar anwyliaid Richard Bowering a Maldwyn Thomas. Bore Sadwrn y nawfed o Fai 1998 oedd dyddiad darlledu'r gyntaf o'r sgyrsiau garddio. 'Waliau'r de' oedd y testun ac

mi gafwyd perl o sgwrs am y rhosod dringo a'r clematis gan Maldwyn Thomas yn ei ardd uwchlaw Dolgellau. Bu gardd Cefn Bere, a chwmni Maldwyn, yn goleg garddwriaethol i mi, a braint uwchlaw'r holl freintiau fu cael dysgu cymaint yn ei gwmni addfwyn. Wedi'r Uher daeth Walkman (cofio hwnnw?), wedyn y DAT a'r Mini Disc (y rhain eto fyth wedi mynd i'r domen byd) ac erbyn i'r milfed sgwrs arddio gael ei darlledu ar y trydydd ar hugain o Ragfyr 2017 roedd lleisiau Awen Jones, Medwyn Williams, Rusell Sharp, Arwel Hughes a Gwynedd Roberts yn ddigidol ddiogel ar gerdyn llai na stamp.

O ran un enw, cyfnod Mistar Cynhyrchydd ydi'r cyfnod hiraf yn hanes *Galwad Cynnar*. Aled P. Jones (gan fod ambell Aled Jones arall yn hwn o fyd) ydi enw iawn Mistar Cynhyrchydd. Ond hyd y cofiaf, dim ond llond dwrn o droeon y cafodd Aled ei gydnabod wrth ei enw ar y tonfeddi. Mae'n hwyr glas unioni hynny! Aled osododd sylfaen a chreu naws y rhaglen sydd i'w chlywed heddiw. Os oedd ei ddewis o gerddoriaeth cyn saith yn esoterig/tywyll/od, roedd ei gadernid unplyg am yr awr lafar o saith tan wyth yn ddigyfaddawd. Hon fu'r awr pan gafwyd cyfraniadau gwiw a dadleuol Iolo Williams a di-ben-draw-dod athrylith ac arabedd Twm Elias. Rhannodd Bethan Wyn Jones berlau'r maes a'r traethau a bu Duncan Brown yn daer ei lais am warchod a chofnodi digwyddiadau mawr a mân byd natur. Tynnwyd eraill i bair y trafod: Hywel

Desg Galwad Cynnar *ac aml i raglen arall*

Roberts a'i angerdd am blanhigion y mynydd a Mannon Lewis a'i chenhadaeth am gyfoeth ein corsydd a'i gwartheg Henffordd. Pwy all anghofio'r ddau Jones? Kelvin a'r hanes am y 'rycsacs', sef y trosglwyddyddion lloeren ar gefnau'r cogau, a Keith a'i fys ar bob technoleg amgen.

''Dan ni angen daearegwr' meddai Mistar Cynhyrchydd, 'rhywun fedar ddeud mewn iaith blaen pam bod tir Cymru fel y mae o heddiw, egluro'r prosesau dyddodi, gwasgu ac echdorri, a gwneud hynny yn hwyliog, yn ddealladwy ac yn awdurdodol.' Mi gafwyd y daearegwr hwnnw: Geraint George, cyfarwyddwr y cwrs Rheolaeth Cefn Gwlad yn y Coleg Normal, dyn oedd yn gallu llamu trwy eonau amser a chreu darluniau byw a diddan o Gymru fu unwaith dan fôr trofannol, a ddatblygodd yn dir yr oedd o mor angerddol am ei warchod a'i ddehongli. Rhaglen drist oedd y rhifyn i gofio am Geraint, y cymeriad hynaws a'n gadawodd mor annhymig. Saif Ysgoloriaeth Geraint George yn goffadwriaeth iddo, ysgoloriaeth sy'n annog pobl ifanc i ehangu eu gorwelion ac i feithrin eu doniau cyfathrebu a chenhadu er lles yr amgylchedd. Yr union ddoniau y bendithiwyd Geraint George mor hael â nhw.

Afraid dweud bod Mistar Cynhyrchydd wedi cywain degau o leisiau eraill o fyd yr adar, botaneg ac eigioneg dros y blynyddoedd. Rhagflaenydd Aled yn sedd y cynhyrchydd oedd Llinos Wynne, a'r rhai sydd wedi ei olynu ydi Catrin Huws, Ann Fôn, Dwynwen Morgan a Gwenan Pennant, ac mae fy niolch yn fawr iddynt hwythau.

Diolch hefyd i chi, yn 'griw saith o'r gloch' a'r criw cynnar – heb y gwrandawyr, heb eich ymholiadau a'ch sylwadau, fyddai *Galwad Cynnar* ddim y rhaglen ydi hi. Peth peryg oedd enwi rhai o'r cyfranwyr; peryclach fyth fyddai dechrau enwi rhai o'r gwrandawyr. Ond gan fy mod eisoes wedi chwarae efo tân … Diolch i awdur y 'random jottings', y 'cigydd craff', y chwaer a'i brodyr o Faldwyn, ac am gyfraniadau'r ffotograffwyr y mae eu lluniau bellach yn cyrraedd galwadcynnar@bbc.co.uk.

Bu cyfnod o grynhoi ac ailadrodd rhai o ddywediadau cofiadwy pob rhaglen yn y munud cyn wyth o'r gloch. Dyma un neu ddau: Alison Palmer Hargreaves yn disgrifio seren fôr yn taflu ei stumog o'i cheg i ddal ei phrae. Y direidi yn llais Kelvin Jones wrth ddyfalu bod un o'r cogau wedi oedi yn yr Eidal am fod y pasta yn rhagori ar y bwyd yn Ffrainc. Y ddafad drydan ddaeth i'r stiwdio yng ngofal Paula Roberts, a Deri Tomos wrth sôn am ddŵr yn disgrifio atomau hydrogen yn cylchu'r atom oscigen megis dau ddawnsiwr gwerin yn cael eu chwyrlïo gan Mari Fawr Trelech … Ie, oni bai am *Galwad Cynnar* …

Gerallt Pennant

Teithiau *Galwad*

Bob hyn a hyn, o'r dyddiau cynnar hyd heddiw, mae *Galwad Cynnar* wedi mentro allan i ddarlledu, naill ai yn fyw neu fel recordiad, o fyd natur. Wedi'r cyfan, beth fyddai rhaglen natur heb rywfaint o sŵn ei thestun yma ac acw, nawr ac yn y man? Dim ond prinder arian a gormodedd o dywydd gwlyb sydd wedi gyrru'r rhaglen i swatio yn y stiwdio yn amlach nag y byddai'r un o'i chynhyrchwyr wedi'i ddymuno. Mae rhai o'r teithiau amrywiol aeth â *Galwad Cynnar* allan o'r stiwdio, naill ai i ddarllledu'n fyw neu i recordio, yn ganolog i'r gyfrol hon, ac yn dathlu'r amrywiaeth ryfeddol o gynefinoedd sydd ganddon ni mewn gwlad gymharol fechan. Mae eu cynnwys yma hefyd, fel y gwelwch chi, yn rhoi cyfle i ni ryfeddu unwaith eto at y cyfoeth o wybodaeth y mae ein cyfranwyr wedi'i rannu â gwrandawyr *Galwad* dros y blynyddoedd.

Aeth un o'r teithiau cynharaf â Richard Rees i Sir Benfro ar drothwy'r Nadolig, a'r sgyrsiau'n canolbwyntio ar y sawl fyddai yn gweithio ar ddydd yr Ŵyl. Go brin yr anghytunai neb mai'r pwysicaf o rhain oedd criw *Garside*, bad achub Tŷ Ddewi ar y pryd. Ond pan gyrhaeddodd Richard Sir Benfro, doedd dim rhaid iddo fentro i'r môr i wlychu.

RICHARD   Falle bydd raid i chi fadde sŵn y gwynt a'r glaw … ar hyn o bryd, rwy'n sefyll ar lwybr arfordir Sir Benfro, yn edrych i lawr ar yr adeilad sy'n gartre i fad achub Tŷ Ddewi. Porth Dinian, neu St Justinian, yw enw y bae bach 'ma. Ac yn addas iawn, wrth edrych draw i'r môr ryw ddwy filltir, mae Ynys Dewi – cymerwch fy ngair i, mae hi yna! 'Sa' i'n credu y galla i na neb arall 'i gweld hi heddi, ond mae hi ma's 'na yn y niwl yn rhywle …

O'r dyddiau cynnar hynny hyd heddiw, mae darllediadau a recordiadau allanol *Galwad* wedi bod ar drugaredd y tywydd. Ond yn amlach na pheidio, o 'mhrofiad i, mae'r berthynas rhwng y rhaglen a'r elfennau wedi bod yn un eitha cyfeillgar. A hyd yn oed os ydi'r tywydd wedi bod yn llai na charedig weithiau, wel, pa ots? Rhaglen radio ydi *Galwad Cynnar* wedi'r cyfan, ac mae ambell gawod neu chwa o wynt yn rhoi blas o sŵn natur i ni ... a pheth tawel iawn ydi heulwen. Nid ein bod ni eisiau gwlychu 'dat ein crwyn wrth wneud y rhaglen chwaith, cofiwch!

Ems. Nia, Bethan, Iolo, Kelvin, a Dyfrig Jones yn recordio ar waethaf y niwl, y glaw, a'r gwynt oer, oer ...

Ynys Enlli

Mai 2009

Deng munud i bump ar fore Sadwrn y pumed o Fai 2009 oedd hi, a rhai o selogion *Galwad Cynnar* wedi cyfarfod yn rhynllyd a hanner effro ger y Clwb Hwylio yn Hafan Pwllheli. Dwi'n siŵr bod pawb, mewn gwirionedd, yn edrych ymlaen at y daith oedd o'n blaenau ni, ond roeddan nhw'n rhythu'n gyhuddgar i fy nghyfeiriad i 'run fath wrth gofio am y gwlâu cynnes roeddan nhw wedi eu gadael, bron cyn i gŵn Caer gael cyfle i noswylio, heb sôn am godi!

Mynd i wneud rhaglen ar Ynys Enlli oeddan ni – un fyw – ac felly roedd yn rhaid cychwyn yn gynnar er mwyn cyrraedd cyffiniau'r ynys mewn da bryd. Roedd Alan Gray, perchennog y cwch oedd yn mynd â ni yno, wedi cysgu arni dros nos, er mwyn bod yn barod amdanon ni yn y bore bach, ac i warchod yr offer darlledu drudfawr oedd wedi ei osod ar fwrdd y *Shearwater* ar gyfer yr achlysur. Antur enbyd ydoedd hon, chwedl Ceiriog, oherwydd nid y lleoliad oedd yr unig beth arbennig ynglŷn â'r fordaith hon.

Petaen ni'n llwyddo i ddarlledu'n ddi-dor am awr a hanner y bore hwnnw, byddai *Galwad Cynnar* wedi wynebu a datrys dwy broblem dechnegol oedd wedi trechu pawb arall.

5.15yb

Ar ôl y bregeth Iechyd a Diogelwch arferol, digon di-ddweud oedd criw *Galwad* wrth i Alan lywio'r *Shearwater* allan o Hafan Pwllheli, gan roi gwybod i Wylwyr y Glannau yng Nghaergybi pwy oeddan ni ac i ble roeddan ni'n mynd. I gyfeiliant grwndi dau beiriant y cwch roedd y mân siarad rhwng pyliau o ddylyfu gên wedi troi'n drafodaeth eiddgar wrth i'r cwch sgytian ryw fymryn a throi am ogledd Bae Ceredigion. Os na ddeffrith profiad fel yma chi, ddeffrwch chi byth.

Ymhen ychydig llai nag awr, roedd hi'n dechrau dyddio yn llwyd a niwlog. Doedd niwl ddim yn rhan o'r cynllun oedd gen i ar gyfer y rhaglen, ond roedd y môr yn dawel,

Gerallt, ar y ffordd i Enlli

13

diolch i'r drefn, a siapiau tywyll ynysoedd Tudwal, y Fach a'r Fawr, ar y dde i ni yn prysur doddi i'r gwyll, ac yn uno gydag arfordir deheuol Llŷn i ffurfio mur o gysgodion.

6.15yb

Dechreuodd niwl y bore chwalu wrth i ni fynd heibio Trwyn yr Wylfa, a daeth amlinell lwyd dwy ynys arall i'r golwg – Ynys Gwylan Fach ac Ynys Gwylan Fawr. Trwyn Llech-y-doll oedd ar y llaw dde i ni rŵan, yna Porth Ceiriad, a Thrwyn Cilan tu hwnt iddo fo ac wedyn, uwchben sŵn y peiriannau, roedd rhaglen *Byd Amaeth* ar Radio Cymru yn darlledu drwy'r corn siarad yng nghaban agored y cwch, a Dei Tomos yn cynnal sgwrs gyda'r amaethwr-gynghorydd Gareth Roberts, o fferm Cwrt, Aberdaron. Roedd yr amser i ni ddechrau darlledu yn agosáu.

6.25yb

Roedd Dei yn llywio'i raglen tua'i therfyn, ac er mawr ryddhad i mi a'r peirianwyr sain, roedd sŵn injan y *Shearwater* i'w glywed yn dechrau codi yn raddol bach ar Radio Cymru, o dan lais Dei Tomos.

Fel y dwedais i, roedd dwy broblem dechnegol yn ein hwynebu ni. Y gyntaf oedd darlledu yn fyw o fwrdd cwch cymharol fychan oedd yn gwingo i'r chwith ac i'r dde dros y tonnau wrth gadw at ei drywydd, a hynny heb golli cysylltiad â'r lloeren oedd yn gyrru'n sain ni i'r gadwyn o drosglwyddyddion darlledu ymlaen i Gaerdydd ac i glyw ein gwrandawyr. O leiaf roedd y broblem honno'n ymddangos fel petai hi wedi ei datrys ... cyn hired â'n bod ni'n cadw'r cysylltiad hwn hyd nes bod traed Gerallt a thir Enlli yn uno. Camp yr hogiau sain oedd cyflawni hyn, wrth gwrs; y cyfan wnes i oedd creu problem a sefyll yn ôl i'w gwylio nhw'n ei datrys hi. Byddai ambell un yn honni mai dyna'r oll mae unrhyw gynhyrchydd yn ei wneud beth bynnag! Emyr Evans a Richard Durrell oedd yr hogiau sain, ac roedd y ddau, ynghyd â'r peirianwyr darlledu ym Mangor, Llion Gerallt a Martin Dennis, wedi gweithio'n galed i ddatrys y broblem, a hynny drwy gyfrwng rhyw gwmni peirianyddol bach ar gyrion Llundain oedd wedi dyfeisio offer i ddarlledu o lefydd anghysbell a than amodau agos i amhosib. Doedd yr offer ddim wedi ei brofi 'yn y maes', fel petai, ar ddarllediad go iawn – a doedd neb yn ddigon gwirion i drio'i brofi o ar raglen fyw chwaith. Wel, bron neb ...

6.28yb

Daeth trydedd ynys i'r golwg ar y gorwel. Dim ond y rhan uchaf ohoni i ddechrau – roedd y gweddill tu ôl i gwrlid o niwl – ond roedd hi'n hawdd adnabod amlinell gyfarwydd y mynydd. Dyma hi, Ynys Enlli. Roedd ganddon ni gwta hanner awr i'w chyrraedd ac angori yn y Cafn er mwyn trosglwyddo offer a chriw *Galwad* drosodd i'r ynys mewn RIB (cwch bach rwber) fesul dau a dau gyda chymorth criw'r *Shearwater*.

6.30yb

Gorffennodd Dei ei raglen ar amser i'r eiliad drwy gyflwyno *Galwad Cynnar* a Gerallt Pennant, ac yng nghaban y *Shearwater*, diffoddodd Emyr, y dyn sain, y corn siarad a chodi lefel sŵn ein meicroffonau ninnau'n uwch, a rhoi'r arwydd i Gerallt ei bod yn bryd iddo ddechrau siarad.

Ems yn darlledu o fwrdd Shearwater

GERALLT   Diolch yn fawr iawn, Dei, a bore da iawn i chi. Profiad diddorol iawn ydi gwrando ar raglen am Ynys Enlli ... a ninnau ar fwrdd y *Shearwater*, roeddan ni'n codi angor yn Hafan Pwllheli gwta awr a hanner yn ôl, a 'dan ni o fewn ryw ugain munud, chwarter awr, i gyrraedd y Cafn erbyn rŵan ... Mae hwn yn rhifyn arbennig iawn o *Galwad Cynnar*: 'dan ni'n darlledu'n fyw am yr awr a hanner nesa 'ma oddi ar yr ynys ac o'r môr o'i hamgylch hi ...

A dyna fyddai'r ail broblem wynebai'r hogiau sain – darlledu'n fyw oddi ar Ynys Enlli a gosod un ddolen frau arall yn y gadwyn sain. Mae technoleg wedi newid yn arw erbyn hyn, a does 'na fawr o broblem. Ond yn ôl yn 2009, doedd neb wedi llwyddo i ddarlledu'n fyw o Enlli – mewn unrhyw iaith, ar radio na theledu. Y gred bryd hynny oedd bod y peth yn hollol amhosib, a lle peirianwyr Adran Sain BBC Bangor (yr adran sain orau yn y byd, wrth gwrs) oedd profi nad oedd hynny'n wir.

Gyda ni ar y daith roedd rhai o selogion *Galwad Cynnar*: Bethan Wyn Jones, Geraint George, Twm Elias a Duncan Brown, ynghyd â John Gruffydd o Ymddiriedolaeth Ynys Enlli, ac roedd Emyr Roberts, warden Enlli ar y pryd, yn aros amdanon ni ar yr ynys. Ar ôl cyfarch y gynulleidfa, trodd Gerallt at y cyntaf o griw selog *Galwad Cynnar*, Twm Elias, oedd wedi ei gyfareddu yn barod …

TWM 'Rargol fawr – gweld y dolffiniaid 'na'n llamu! Roedd un ohonyn nhw'n uchel, ryw bedair gwaith uwch na'i faint 'i hun, ac yn troelli yn yr awyr. Bendigedig!

6.45yb

Erbyn i ni ddarllledu recordiad o Iolo Williams yn trafod yr adar prin a geir yn aml ar Enlli, roedd y *Shearwater* wedi cyrraedd y Rhonllwyn (neu 'Henllwyn' fel y'i gelwir ar rai o fapiau Enlli) – mor agos ag y meiddiai Alan fynd â'r cwch at ddŵr bas a chreigiau miniog y Cafn, hynny ydi. Y cwch bach âi â ni i'r lan o'r fan honno.

DUNCAN Pan dach chi'n treulio wythnos yma, dach chi'n anghofio pa mor swnllyd ydi'r tir mawr.

Mae 'na ryw hen injan neu ryw hen geir – *noise pollution* mae pobol yn 'i alw fo – ar ynys Enlli mae o'n mynd …

Heblaw am sŵn corn niwl yr ynys oedd yn ubain yn rheolaidd, roedden ni yn absenoldeb sŵn dynoliaeth, a daeth sŵn natur i gymryd ei le. Cododd storm o fellt a tharanau allan ar y môr, ac roedd ambell daran yn ddigon agos i ysgwyd yr ynys o dan ein traed ni. Er hynny, roedd morloi enwog yr ynys yn pendwmpian yn dyrfa gweddol dawel ar greigiau'r Rhonllwyn.

Yn ystod y croesi o'r cwch mawr i'r lan, roedd yn rhaid cael rhywbeth addas i lenwi'r bwlch yn y rhaglen. Llwyddodd Richard Durrell a Twm Elias i groesi cyn *Newyddion Saith*, felly gyda Trebor Edwards yn canu am 'Ynys Enlli', a John ac Alun ar ei ôl yn canu clodydd 'Penrhyn Llŷn', a Richard eisoes ar ei liniau ym môn clawdd yn gosod offer ar yr ynys i'n cysylltu â'r cwch ac yn paratoi meicroffonau ar gyfer pawb, croesodd criw *Galwad* drosodd i Enlli. Pawb ond Gerallt a Bethan, oedd yn aros i Richard gadarnhau bod y cysylltiad wedi'i sefydlu. Unwaith y cafwyd y cadarnhad hwnnw, chwaraewyd recordiad arall o Iolo Williams yn son am yr Wylfa Adar, er mwyn i Gerallt a Bethan groesi yn y RIB i ymuno â gweddill y criw. Yna, roedd *Galwad Cynnar* yn darlledu'n fyw o Ynys Enlli – y darllediad byw cyntaf erioed oddi yno, a hynny i gyfeiliant y taranau a'r corn niwl, a nifer sylweddol o biod môr

Cwmni ar y ffordd i Enlli

busneslyd. Dwi'n hollol grediniol fod y rhain wedi clywed, rywfodd, fod Twm ar yr ynys, ac wedi rhuthro draw fel haid o *groupies* i weld eu harwr – ond roedd y bluog dyrfa o fantais fawr i ni. Wedi'r cyfan, sut beth fyddai rhaglen natur heb sŵn natur, yntê?

Trwy hyn i gyd, roedd un arwres dawel yn rhuthro yn ôl a blaen rhwng y cwch mawr a'r lan. Roedd Sarah Stubbs (Gibson bellach), ein hymchwilydd, ar fwrdd y *Shearwater* ac yn derbyn negeseuon ein gwrandawyr – negeseuon oedd yn cael eu gyrru 'mlaen iddi o'r swyddfa ym Mangor dros ffôn radio gan Annest Rowlands, ein hysgrifenyddes Sadyrnol ar y pryd. Croesodd Sarah droeon o'r cwch mawr i'r lan yn y cwch bychan a rhedeg i fyny o'r Cafn i drosglwyddo'r negeseuon i Gerallt. Rhedeg yn ôl wedyn at y cwch bach i groesi'n ôl i'r *Shearwater*, ble byddai mwy o negeseuon eisoes wedi cyrraedd. Ynghyd â'r hogia sain, roedd Sarah ac Annest yn allweddol i lwyddiant y fenter. Nhw oedd ein cysylltiad ni â'r gynulleidfa.

A do, cafwyd nifer o negeseuon, megis yr un gan y teulu Ewing o Fôn, teulu o ddeg oedd ar ei ffordd drosodd i Enlli'r bore hwnnw. A phan oeddan ni'n gadael yr ynys

roedd cwch Colin Evans, cychwr Enlli, yn agosáu drwy gyrion y Swnt gyda llwyth o deithwyr ar ei fwrdd. Bu chwifio dwylo mawr rhwng y ddau gwch – sgwn i ai'r Ewings oedd ar fwrdd cwch Colin?

BETHAN   Mae 'na gymaint o amrywiaeth o gynefinoedd ar Enlli. Mewn lle mor fach mae 'on anhygoel mewn gwirionedd – mae gen ti'r mynydd, y creigiau ar yr arfordir, y tir wrth fynd i mewn a rhyfaint o dir amaethyddol ... a hyd yn oed wedyn mae gen ti bethau fel gerddi ac ati ...

DUNCAN   Ddois i yma gynta yn 1966, pan o'n i'n ryw 15 oed. Hefo Wil Evans Tŷ Pella roeddan ni'n dŵad adag hynny ... dach chi'n cyrraedd ac yn meddwl: be sydd mor arbennig am Ynys Enlli felly? Ond mae'r lle mor wahanol, tydi – yn wahanol oherwydd be sydd yma ac am be sydd ddim yma. Dwi'n cofio, y tro cynta 'na, glanio yn y Cafn fan hyn a cherdded i fyny hefo fy gêr am yr wsnos a gweld ryw dderyn bach gwyrdd

Croesi o'r cwch i'r ynys

Darlledu i'r genedl, o fôn hen glawdd

yn codi o 'mlaen i ... ro'n i hefo criw o naturiaethwyr, un ohonyn nhw wedi gwneud enw mawr yn y byd ffilmio, Hugh Miles, ac mi welodd o'r deryn hefyd. Ro'n i'n ryw gyw bach, ddim yn gwybod llawer, a fo ddeudodd, '*Oh, that's very odd!*'. Mi ddalion ni'r deryn bach mewn rhwyd y noson honno, ac w'chi be? Hwnna oedd y tro cyntaf i neb weld telor melyn y dwyrain [*'Eastern yellow warbler'*; *Dendroica petechia*, neu *Setophaga petechia* erbyn heddiw] yn Ewrop!

IOLO   Os ydach chi'n ddigon ffodus i fynd ar draws i Ynys Enlli, un o'r petha amlyca yno ydi'r goleudy. Ynghlwm â'r goleudy mae 'na adeiladau bach gwyn, a fan yma mae un o wylfannau adar enwocaf Prydain – ac nid trwy hap a damwain mae'r gwylfannau 'ma wedi cael eu rhoi ar ein hynysoedd ni. Maen nhw'n llefydd gwych i astudio adar mudol – meddyliwch chi am fod yn aderyn mudol sydd wedi cael 'i chwythu ar draws o America, neu sy'n dod i fyny o'r Affrig, ar draws y môr yn aml iawn. Y peth cynta rydach chi isio ydi glanio ar ddarn o dir er mwyn bwydo a gorffwyso, a'r tir cynta maen nhw'n 'i weld yn aml iawn ydi rhai o'n hynysoedd ni. Fan yma, yn aml iawn, dach chi'n gweld adar prin iawn wedi cael 'u dal a'u modrwyo.

GERAINT   Mae hwn fel ryw bererindod ddaearegol i mi, oherwydd allan o holl ynysoedd Cymru i gyd, dyma'r ynys fwyaf hynafol o safbwynt daeareg y creigie. Mae e'n gymysgedd rhyfeddol o greigie anodd iawn i'w ddehongli ... yn perthyn i rai o'r cyfresi o greigie sy ganddoch chi yn Ynys Môn; creigie hynafol dros ben – dros 600 miliwn o flynyddoedd oed, y cyfnod Cyn-Gambraidd – sy'n debyg o fod wedi'u ffurfio mewn tirlithriad tanforol ymhell yn ôl. Hwnna sydd wedi creu'r cymlethdod a'r cymysgedd o greigie yma. Mae 'na dywodfaen yma, cwarts a basalt, i gyd wedi'u cymysgu fel ryw bwdin mawr.

Ond ma'r Cafn yn ddiddorol oherwydd bod creigie mwy diweddar yma o'r cyfnod Tertiaidd, ryw 60 miliwn o flynyddoedd yn ôl. Creigie igneaidd y'n nhw, wedi gwthio trwy ffawtie yn y prif greigie ... a gyda'r llanw allan fan hyn fe weli di'r creigie tywyll 'ma sydd yn dolereit Tertiaidd. Be sydd yma ydi deic, sef craig igneaidd wedi gwthio drwy greigie eraill.

17

Mynydd Enlli ar dywydd gwell

Mae hwnna wedi ca'l 'i erydu gan y môr dros y cyfnodau daearegol yma gan greu ryw harbwr bach digon naturiol ...

Mae dwy ran i'r ynys, yn amlwg – y mynydd 'i hunan, sef Mynydd Enlli, wedyn y darn gwastad yma yn ymestyn i'r gorllewin, i'r goleudy a Maen Du. Mae'r deunydd meddal yma, wel, mae hwnna'n llawer mwy diweddar. Hynny yw, mae olion rhewlifol yma, sef dyddodion rhewlifol sydd ond yn mynd yn ôl i'r cyfnod oer diwethaf orffennodd ryw ddeng mil o flynyddoedd yn ôl, ac mae'r priddoedd sy'n gysylltiedig â'r rhannau gwastad – rhai yn rhannau reit wlyb – wel, mae'r rheiny wedi'u sylfaenu ar y deunydd rhewlifol 'ma, y dyddodion meddal rhewlifol.

GERALLT   Damcaniaeth lwyr ydi hon – mi allai Enlli, ymhell, bell ar ôl ein hamser ni, hollti yn ddwy.

GERAINT   Fe allai, yn wir. Yr ochr draw mae Porth Solfach, a rhyw fath o wddf tenau – *isthmus* maen nhw'n 'i alw fe – ac mae'n debyg mai dyna fydd yn digwydd. Pwy a ŵyr pryd, ond mi fydd 'na ynys ddeheuol ac ynys ogleddol: yr ynys ddeheuol ble mae'r goleudy a'r ynys ogleddol ble mae'r brif ynys a'r ffermydd a'r mynydd.

BETHAN   Be sy'n amlwg iawn i mi wrth edrych ar y creigiau ydi'r cen sydd arnyn nhw, ac mae Ynys Enlli yn nodedig am ei chen. O feddwl darn mor fach o dir ydi o, mae tua 280 o leiaf o wahanol rywogaethau o gen – a dwi'n golygu cen dros yr ynys i gyd rŵan, dim jest yn arfordirol. Un rheswm, mae'n debyg, ydi safle Ynys Enlli – y gwynt glân o'r môr. Wedyn mae amrywiaeth o gynefinoedd, o feddwl 'i fod o'n ddarn mor fychan o dir ... mae hynny hefyd yn ychwanegu at yr amrywiaeth. A'r peth arall ydi nad oes 'na ddim gormod o ddulliau ffermio modern wedi digwydd yma, felly mae'r cen wedi cael llonydd. Y petha 'dan ni'n amlwg yn weld fan hyn ar y creigiau ydi'r cen oren, sef cen melyn arfor neu gapan y môr, ac mae hwn yn dŵad jest uwchlaw pen y llanw. Mae o'r math o gen sy'n medru diodda diferion yr ewyn yn taflu ac yn chwalu drosto fo – mi fedar o hefyd ddiodda cael 'i drochi yn y môr pan ma' hi'n llanw mawr. Wedyn, yn uwch i fyny ar y creigiau, mae gen ti ambell graig sy'n sefyll i fyny ar yr arfordir, ac yn y fan honno mae gen ti gen oren y cerrig, sy'n gwneud rhyw glytwaith oren-felyn ar y creigiau 'ma, mae o'n dlws iawn, iawn. Hefyd, wrth gwrs, ma'r cen du, sef maneg y graig. A draw fan acw ar y mynydd a'r creigiau sydd yn is i lawr, jest o dan yr haenau yma o gen du ac oren, rydan ni'n gweld yr haenen lwyd 'ma, a honna ydi lle mae'r gragen long yn cael ei chynefin. Mae o'n drawiadol iawn; felly hefyd y lleiniau 'ma sydd ar lan y môr. Llain y diferion, a'r glastraeth. Tydi'r gwymon gwyrdd ei hun ddim mor amlwg, ond be sydd ganddon ni ydi'r gwymon rhychog, y *Pelvetia*, sydd yn amlwg iawn. Wedyn 'dan ni'n gweld yr haenen frown, sef y *Fucus*, petha fel y gwymon danheddog ac ati. Pan mae hi'n ddistyll go iawn, mi welwn y *Laminaria*, y môr-wiail. Amrywiaeth wych.

BETHAN   Mae'r gludlys arfor yn wych, yn glystyrau gwyn ar y creigiau, y *Silene uniflora* ['sea campion']. Yr un teulu â'r blodyn neidr.

GERALLT   Neu flodyn t'ranau – addas iawn heddiw …

BETHAN   Yn addas dros ben heddiw! Ond mae 'na betha eraill hefyd yma ar Enlli – mi gei di gorn carw'r môr, er enghraifft [*Crithmum maritimum*; 'rock samphire'] ac mewn mannau mae lafant y môr y creigiau ['rock sea lavender']. Yn Solfach mae 'na rywogaethau gwahanol wedyn … petha fel y pabi corniog melyn a'r ytbysen arfor ['sea pea']. Ac mi faswn i'n disgwyl hefyd gweld ar Fynydd Enlli, yr amlaethai ['milkwort'], blodyn bach glas hynod o dlws, yn tyfu o dan y grug a'r eithin. Felly mae 'na amrywiaeth rhyfeddol yma mewn darn mor fychan o dir. Ond be sydd ag ond ychydig iawn ohonyn nhw yma, wrth gwrs, ydi coed, am reswm amlwg. Pan gei di wyntoedd yma, does fawr o ddim byd all wrthsefyll y rheiny.

GERALLT   Ond mae un goeden adnabyddus iawn – afal Enlli.

BETHAN   A honno wedi lledaenu'n rhyfeddol, efo pobol yn dymuno cael yr afallen arbennig yma.

Roedd darllediad Galwad *rhy gynnar i'r morloi*

GERALLT   Ti wedi cael ryw swae fach, Twm?

TWM   Es i lawr i fan'cw i sbio ar yr hen forloi, achan. Roeddan nhw'n udo'n braf … cael rhyw hoe fach. Mae'n rhyfedd fel maen nhw'n dod allan ar y creigiau 'ma i sychu, a phan mae'r llanw yn dod i mewn ti'n 'u gweld nhw'n codi'u cynffonna' a'u penna' i fyny fel petaen nhw'n 'u cadw nhw'n sych – sy'n beth rhyfadd i forlo 'i wneud, yndê? Maen nhw'n gorffwyso rŵan, wedyn mi ân nhw allan i bysgota. Hamddenol braf ydi'u bywyd nhw, fel mae bywyd ar Enlli beth bynnag. Roedd 'na tua thri chant yma yn ddiweddar, ond maen nhw'n crwydro cryn dipyn hefyd. Mae un neu ddau wedi 'u tagio, ac wedi mynd cyn belled â Sir Benfro a hyd yn oed i Iwerddon, felly maen nhw'n betha eitha symudol.

GERALLT   Treulio'u bwyd maen nhw pan fyddan nhw ar y creigiau 'ma?

TWM   Wel ia, ma'n siŵr gen i, yndê … neu 'u bod nhw'n breuddwydio'n braf. Ma' ganddyn nhw ddigon o amsar i wneud dim byd, a thrwy'r dydd i'w wneud o hefyd.

DUNCAN   Dwi'n dipyn o hen stejar ar Ynys Enlli – aros yn Cristin, sef yr wylfa adar, ac yn cael fy suo i gysgu gan adar drycin Manaw yn cyrchu allan ar y môr, wedyn yn dŵad i'r tyllau cwningod lle maen nhw'n nythu yn 'u miloedd – er nad oes 'na neb yn gwybod yn union faint sy 'na.

Shearwater *wrth ei hangor ger ceg Yr Honllwyn*

Mae poblogaethau ohonyn nhw i lawr ar Sgomer ac yn y blaen – ar ynysoedd yn aml iawn, am 'u bod nhw'n nythu mewn tyllau cwningod, oherwydd nad oes 'na lygod mawr yma, w'chi. Ond mae aderyn drycin Manaw yn unigryw yn y byd adar achos mai dyma'r unig aderyn sy'n ymfudo ar draws yr Iwerydd ac ar draws y Trofan hefyd, yndê – mae o'n mynd ar hytraws i Dde America, i'r Ariannin.

GERAINT Os ewch chi draw i Maen Du, sef ochr ddeheuol yr ynys, ac eistedd ar y maen fel dwi wedi'i wneud, ac edrych allan i'r môr, y tir pella fyddech chi'n 'i weld, os byddech chi'n gallu gweld yn ddigon pell, fydde arfordir Brazil.

GERALLT Be, oes 'na linell ddi-dor?

GERAINT Wel, os y't ti'n edrych ar y map, ac edrych i'r de-orllewin, fyddet ti'n pasio Iwerddon ... Gwnewch e – ewch â map o'r byd a phren mesur, a thynnwch linell o Faen Du ... wnewch chi daro arfordir Brazil heb gyffwrdd unrhyw dir mawr arall!

Holi Geraint George

Y chwrli bwm

Penri Jones, Y Parc, y Bala

Mae *Galwad Cynnar* yn recordio rhaglenni yn rheolaidd mewn cymunedau ledled Cymru. Mi fyddwn ni'n cael croeso cynnes bob amser, a chwestiynau difyr gan aelodau'r gynulleidfa, sy'n wrandawyr brwd. Dyma gwestiwn a ofynnwyd gan Penri Jones pan oeddem yn ymweld â'r Parc ger y Bala.

PENRI JONES
Mi fydda i wrth fy modd yn gweld y cacwn mawr – chwrli bwm 'dan ni'n 'u galw nhw – ym mlodau cyrens, y mafon a'r eirin Mair, a hyd yn oed y tomatos yn y tŷ gwydr. Maen nhw'n beillwyr ardderchog. Ond yn anffodus, mi welais i sawl gwaith wrth fynd am dro yn yr haf rwbeth wedi crafu nyth y cacwn mawr allan o'r clawdd, ei chwalu o a dinistrio'r haid. Pwy tybed oedd yn gyfrifol?

TWM ELIAS
Wel, y malwr nythfeydd ydi'r mochyn daear. Does 'na ddim byd arall sy'n gwneud hynny. Mae isio crafangau go gryf i fynd i mewn i glawdd ac yn y blaen, ac mae gan yr hen fochyn daear grafangau digon priodol yn arbennig ar gyfer y job. Felly hwnnw ydi'r troseddwr. Ond dwi'n lecio'r enw sydd ganddoch chi – chwrli bwm dach chi'n ddeud, ia, am yr hen gacwn blewog? Difyr iawn. Wel, i mi, y chwilen fawr frown, chwilen Fai, ydi'r chwrli bwm, felly mae 'na amrywiaeth mewn enwau yn y gwahanol ardaloedd. Mae 'na enwau rhyfeddol i'w cael ar yr hen gacwn du a melyn 'ma, yr un mawr blewog. Cacwn, wrth gwrs, sydd yn ngogledd Cymru reit i lawr tuag at hanner sir Ceredigion, a dweud y gwir, ac mae o hefyd i'w gael yng ngogledd Penfro. De Ceredigion – wel, cachgi bwm ydi o yn fanno; picwnen fawr yng Nghaerfyrddin, bili bomen yng Nghwm Tawe a bwmbi mewn rhannau o Forgannwg – mae'r amrywiaeth mewn enwau ar y creadur adnabyddus, gwych yma yn anhygoel. Mae o'n beilliwr mor dda, ac mae rhai blodau arbennig wedi'u dyfeisio iddo fo fel y bysedd cochion – mae o'n medru ffitio'i hun reit i waelod y bys coch, yn tydi?

Bethan Wyn Jones

Yn 2002 y dechreuais i sgwennu i'r *Herald Cymraeg*, a phan welodd Aled hynny, dyma gael galwad ffôn: "Gweld bod chdi'n sgwennu am fyd natur i'r *Herald Cymraeg*; mi gei di wneud 'run fath i *Galwad Cynnar* hefyd." A fel 'na dechreuodd hi.

Sgrifennu sgyrsiau i ddechrau ac Aled yn dŵad draw i'w recordio nhw yn yr awyr agored, a'r lleoliad yn amrywio yn dibynnu be oedd dan sylw. Mynd i lan y môr os oeddwn i'n trafod gwymon neu rai o greaduriaid y traeth neu i gors, gerllaw afon neu ar hyd llwybr er mwyn i sain y cefndir weddu i'r darn. Ac yn amlach na pheidio mi fyddai un o'r cŵn hefo ni.

Yna mi ddechreuais fynd i mewn i'r stiwdio i wneud darnau byw yn y boreau ac i ateb cwestiynau'r gwrandawyr. Mi fyddai Aled yn rhoi ryw fraslun o lle y bydda fo eisiau i bethau fynd, ond doedd neb yn hollol siŵr lle basan ni'n glanio! Fel arfer, mi fyddai 'na gymaint o stwff i'w drafod fel mai pur anaml y bydden ni'n dŵad i ben â phopeth ac mi fyddai 'na erthyglau dros ben "at tro nesa", ond erbyn tro nesa mi fyddai 'na lwyth arall o stwff wedi cyrraedd. Mi fydda hi'n mynd yn reit boeth ambell dro yn y stiwdio ac anghytuno brwd am ambell i bwnc.

Mi fuo mi ar sawl trip recordio allan yn y maes. Roedd 'na hen dynnu coes ar y tripiau yma, ac un dwi'n ei gofio'n dda iawn oedd trip i Borth Swtan. Mis Gorffennaf 2009 oedd hi ac yn ddiwrnod godidog.

Roedden ni wedi recordio ym Mwthyn Swtan ac yn yr ardd ac wedi ei throi hi i lawr am y traeth. Bob tro roedden ni'n mynd allan, roedd Gerallt yn mynnu cael llun o'r criw. Fel arfer, roedd 'na gwyno am hyn ond mi fyddai'n mynnu, a doedd trip Porth Swtan ddim yn eithriad. Mi fyddai'n ein gosod ni i sefyll fel roedd o eisiau ac wedyn yn gosod ei gamera i dynnu deg llun ac wedyn yn sleifio i mewn i'r llun ei hun. Erbyn i'r degfed llun gael ei dynnu, roedd gwên pawb ohonom wedi fferru. Ond y tro yma am ryw reswm, roedd Gerallt yn cael mwy o helbul nag arfer hefo'i gamera, a ninnau'n cwyno – a fi'n fwy na neb – nes i Keith Jones ddweud "Gad iddo fo wir, trio cael ei ffeil NVQ at ei gilydd mae o!" Erbyn heddiw, dwi'n sobor o falch fod Gerallt wedi mynnu tynnu'r lluniau.

Mi fuom ni yng Nghwm Idwal sawl tro hefo Hywel Roberts yn brasgamu'r llethrau o'n blaenau a Geraint George yn trafod daeareg y lle, ac mae'n chwith iawn meddwl ein bod wedi'i golli.

Mi fu sawl un o'r tripiau ar y cwch draw i Enlli ac roedd hi bob amser yn bleser mynd allan hefo'r criw. Roedd Enlli ei hun yn wych ond roedden ni hefyd yn cael cyfle i weld yr adar yn nythu ar yr ynysoedd a sawl gwaith, mi fuom yn ddigon lwcus i weld dolffiniaid. Trip hyfryd arall oedd i Ynys Dewi ac eto roedd yn ddiwrnod gogoneddus. Doedd hi ddim yn braf bob tro wrth reswm a dwi'n cofio oeri at fêr fy esgyrn wrth recordio ar lan afon Dwyfor ar 4 Ionawr 2009 a'r diweddar annwyl Tom Jones, Golan hefo ni yn adrodd hen hanesion ciperiaid wrthon ni. Glaw oedd problem arall, a doedd o ddim gwahaniaeth os oedd hi'n bwrw ai peidio – roedd yn rhaid recordio unwaith roedd pethau wedi eu trefnu, ac mi wlychais at fy nghroen sawl gwaith.

Sw Môr, twyni tywod Berffro, Cors Ddyfi, Cors Fochno, Rhiw Goch, Plas Tan y Bwlch, gardd Tom Jones yng Ngolan a chael coblyn o sgram! Do, mi fuom ym mhob un ond i mi y mwyaf cofiadwy oedd yr OB olaf y gwnaethom ei recordio hefo Aled wrth y llyw. Ym Mhlas yn Rhiw oedd hynny ar 6 Gorffennaf 2013. Roedd hi'n ddiwrnod braf o haf a'r golygfeydd i lawr i gyfeiriad Ceredigion yn wych. Roedd yr ardd ar ei gorau a chriw da wedi dod at ei gilydd; roedd y sgwrsio'n ddi-baid ac yn llifo'n rhwydd heb oedi o gwbl bron, ac yn bennaf oll y croeso tywysogaidd gan Mary a Llifon.

Dwi wedi cael lot o bleser a mwynhad dros y blynyddoedd yn trin a thrafod byd natur ar *Galwad Cynnar*, a does ond gobeithio fy mod wedi llwyddo i rannu hynny hefo'r gwrandawyr.

Y ffotograffydd brwd

Y darllediad byw

Ynys Dewi

Gorffennaf 2011

Islanditis ydi enw'r Sais arno fo – y clwy fydd yn eich taro chi pan fyddwch chi ar ryw ynys fwy hudolus na'r cyffredin. Mae'n ddigon hawdd adnabod y symptom (dim ond un sy 'na); fyddwch chi ddim isio dod oddi yno. Fe'm trawodd i ar Ynys Dewi, fel y trawodd o fi ar ynysoedd Sgomer a Sgogwm. Ac mae o'n fy nharo i bob tro'r a' i i Ynys Enlli hefyd, waeth sut mae'r tywydd. Diawch, erbyn meddwl, efallai mai dyma'r clwy drawodd yr holl saint rheiny ar Enlli 'stalwm, a dyna pam eu bod nhw'n dal yno.

Ynys Dewi yw'r bedwaredd ynys fwyaf o ran maint oddi ar arfordir Cymru. Môn yw'r fwyaf, wrth gwrs, Ynys Cybi yw'r ail a Sgomer, yn 730 acer, yw'r drydedd. Er ei bod hi tua'r un hyd â Sgomer, 640 acer yw Ynys Dewi. Y bryncyn, Carn Llundain (136 medr uwch lefel y môr) yw man uchaf yr ynys.

Ar lethrau Carn Llundain ac o amgylch bryncyn arall yr ynys, Carn Ysgubor, mae nifer o nodweddion archeolegol sy'n cynnwys olion caeau hynafol – arwydd bod dyn wedi bod yn amaethu ar yr ynys ers diwedd yr Oes Efydd (rhywle rhwng 2200 ac 700 CC). Ac mae'n debyg bod amaeth wedi parhau ar yr ynys, fwy neu lai yn ddi-dor, o hynny hyd heddiw. Ddiwedd mis Mawrth 2018, cyhoeddwyd bod gwyddonwyr wedi defnyddio technoleg laser i sganio'r ynys o'r awyr a bod y canlyniadau wedi datgelu mwy o nodweddion archeolegol sydd i weld yn cadarnhau hyn. Daeth Ynys Dewi i feddiant y Gymdeithas Frenhinol er Gwarchod Adar (yr RSPB) yn 1992.

Mae'r ynys, fel pob un o brif ynysoedd Bae Ceredigion, yn atyniad mawr i adar y môr, ac i adar mudol y tir hefyd. Ond fel gyda nifer o ynysoedd eraill ble bu i ddyn ymgartrefu, ffynnodd poblogaeth lewyrchus o lygod mawr ar Ynys Dewi am flynyddoedd. Un ddamcaniaeth i egluro hyn yw bod y llygod cyntaf wedi cyrraedd yr ynys yn dilyn llongddrylliadau tua diwedd y ddeunawfed ganrif. Canlyniad y mewnlif yma oedd gostyngiad sylweddol yn niferoedd yr adar oedd yn nythu ar yr ynys, ac fe

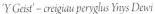

'Y Geist' – creigiau peryglus Ynys Dewi

ddiflannodd un rhywogaeth, sef y pâl (*Fractecular arctica*) oddi yno'n llwyr. Yn ystod nawdegau'r ugeinfed ganrif, gwnaeth yr RSPB, gyda chymorth cwmni arbenigol o Seland Newydd, ymdrech galed i gael gwared â'r llygod. Un syniad ysbrydoledig, os aflwyddiannus, oedd cyflwyno nifer o gathod yno i hela'r llygod. Canlyniad hynny oedd bod dwy boblogaeth lewyrchus ar Ynys Dewi, y naill o lygod mawr, a'r llall o gathod lled-wyllt. Yn rhyfeddol, wnaeth hynny ddim lles o gwbl i nifer yr adar morol druan oedd yn trio nythu ar yr ynys. Ond erbyn dechrau'r ganrif hon roedd yr RSPB wedi llwyddo i ddifa'r llygod a'r cathod i gyd. Cynyddodd nifer yr adar oedd yn nythu'n llwyddiannus yn raddol o ganlyniad i hynny, a chofnodwyd bod 39 o wahanol rywogaethau yn nythu ar yr ynys yn 2016, yn cynnwys llursod, pedrynod drycin, adar drycin y graig, gwylanod coesddu, ehedyddion, corhedyddion y waun, corhedyddion y graig a'r dylluan fach, i enwi ond rhai. Y cynnydd mwyaf nodedig oedd hwnnw yn nifer yr adar drycin Manaw (*Puffinus puffinus*), a chwyddodd o 850 o barau yn 1999 i 4,796 pâr yn 2016. Serch hynny, roedd un rhywogaeth, sy'n magu'n llwyddiannus ar nifer o ynysoedd eraill Bae Ceredigion, o Sgogwm a Sgomer i Ynysoedd Gwylan ger arfordir Llŷn, yn absennol. Doedd 'na ddim palod ar Ynys Dewi.

Ar y chweched o Orffennaf 2011, aeth criw ohonom i recordio *Galwad Cynnar* ar yr ynys. Dim ond taith fer o ryw

ddeng munud dros ddyfroedd twyllodrus y swnt oedd hi, o orsaf bad achub Porthstinian ger Tŷ Ddewi. Erbyn hynny roedd llawer o'r gwaith o adfer y cynefinoedd wedi ei wneud, a chynllun arall, un oedd yn llawer mwy tebygol o ddenu sylw'r wasg, ar waith. Gosodwyd tua dau gant o balod plastig ar ymylon rhai o glogwyni deheuol yr ynys i drio denu palod go-iawn yn eu holau i nythu yno.

Iolo oedd yn cyflwyno'r rhaglen y tro hwn, a daeth ei fab, Dewi, a rhai o selogion *Galwad* gyda ni: Bethan Wyn Jones, Elinor Gwynn, Twm Elias, Kelvin Jones a Daniel Jenkins-Jones, oedd ar ddechrau ei yrfa gyda'r Gymdeithas Frenhinol er Gwarchod Adar yng Nghymru. Roeddwn i hefyd wedi trefnu i gyfarfod ffermwr lleol yno: Derek Rees, oedd yn gweithio gyda'r Gymdeithas ar yr ynys. A phrin ein bod ni wedi glanio ar yr ynys nad oedd Derek yn ein cyflwyno ni i ferch ieuanc leol oedd hefyd yn gweithio yno i'r Gymdeithas. Er iddi brotestio nad oedd ei Chymraeg hi'n 'ddigon da' (pe cawn i geiniog am bob tro …) roedd Cymraeg Nia Stevens yn dda iawn, ac mae hi wedi cyfrannu i sawl rhaglen ar Radio Cymru ers hynny.

Roedd hanner awr gyntaf y rhaglen wedi ei recordio ymlaen llaw – dyna oeddwn i'n ei wneud gyda'r rhan fwyaf o recordiadau allanol *Galwad* (ond nid y darllediadau byw, wrth gwrs), er mwyn cynnwys eitemau rheolaidd fel y pecyn garddio a thaith Cymdeithas Edward Llwyd ar gyfer ein gwrandawyr selog. Felly, gyda chyflwynydd a saith

Tŷ'r Wardeiniaid ar Ynys Dewi

gwestai, a dim ond 57 munud a hanner o raglen yn weddill i gynnwys pawb, cyfanswm o gwta wyth munud yr un oedd i bob siaradwr, ar y mwyaf. Ar ôl dweud hynny, ro'n i'n recordio llawer mwy na llond y rhaglen bob tro – hanner awr yn ormod o leiaf, a mwy os byddwn i'n teimlo bod angen gwneud hynny – oherwydd ei bod hi o hyd yn haws torri na llenwi rhaglen. Roedd ganddon ni ddigon o leisiau felly, ac ar ôl cawod o law gynnar, roedd y tywydd yn ddifai drwy'r dydd, a'r môr yn garedig.

Mae nifer o chwedlau'n cysylltu Ynys Dewi â nawddsant Cymru, a thystiolaeth ddogfennol bod Rhys ap Tewdwr (brenin Dyfed) wedi rhoi rheolaeth yr ynys yn nwylo esgobion Tŷ Ddewi yn 1082. Darganfuwyd gweddillion dau gapel o'r Oesoedd Canol ar yr ynys a dyma, yn ôl y sôn, ble dewisodd Iestyn Sant, drwy gymwynas Dewi Sant, fyw a sefydlu mynachlog fechan. Parhaodd yr ynys i fod ym meddiant esgobion Tŷ Ddewi hyd 1905.

Mae'r ynys yn dal i fod yn fferm weithredol dan reolaeth y Gymdeithas Frenhinol er Gwarchod Adar, ac yn lloches bwysig i sawl rhywogaeth o adar y môr a nifer o adar eraill, yn cynnwys y frân goesgoch. Ar ben hynny, mae hi'n feithrinfa bwysig i'r morlo llwyd, y fwyaf yn ne Prydain yn ôl y sôn. Dyma ble y dechreuodd gwyddonwyr losgnodi morloi llwyd am y tro cyntaf yn 1946, yn ôl R. M. Lockley (*Grey Seal, Common Seal*; Andre Deutsch, 1966), fel rhan o brosiect ymchwil i'w dosbarthiad ac ati. Dengys cofnodion diweddar bod 400 o loi wedi cael eu geni yno yn 2017, er bod yn agos i 90 o'r rheiny wedi marw yn ystod y storm fawr, Ophelia, gafwyd yr hydref hwnnw.

Mae'r cyfuniad o ffermio a chadwraeth a welir ar Ynys Dewi yn ddiddorol iawn o safbwynt *Galwad Cynnar*,

Pa adar y'n ni'n debygol o weld ar yr ynys? Wel, adar drycin Manaw, llurs, gwylog ... Mae'r ynys yn ofnadwy o bwysig, yn genedlaethol bwysig, ar gyfer y frân goesgoch – mae chwe phâr wedi magu yma eleni. Roedden nhw wedi cael amser caled gyda'r tywydd oer gafon ni dros y ddwy flynedd ddwytha, ond yn ôl be dwi'n ddeall, maen nhw wedi cael amser bendigedig eleni: chwe nyth ac i fyny i bedwar cyw wedi hedfan o bob nyth.

Daniel Jenkins Jones (RSPB)

Ma' 'na'n tynnu am ddau gant o ddefed Cymreig gyda'u hŵyn yma nawr, ac ry'n ni wedi rhoi hyrddod Llŷn iddyn nhw eleni ... maen nhw'n llawer gwell nag oeddwn i'n disgwyl. Ma' saith o fustych Cymreig duon, a'r rheiny wedi helpu lot ar yr ynys – ma'u dom nhw wedi helpu'r frân goesgoch i wneud yn dda dros ben. Cafodd y cwningod slap gyda'r *mixi* tua phum mlynedd yn ôl, ac maen nhw'n araf yn dod 'nôl, ac ry'n ni'n gallu trefnu tipyn bach yn well shwt y'n ni yn gofalu am y caeau.

Derek Rees

oherwydd mae cyfle i weld y ddau weithgaredd (sydd ag amcanion croes iawn i'w gilydd, ym marn ambell un) yn cydfodoli, cyd-dynnu a chydweithio, hyd yn oed, ar lain cymharol fechan o dir. Perthynas symbiotig, megis, rhwng diwydiant cynradd a chadwraeth. Gellid dadlau y bydd llwyddiant y berthynas hon yn bwysicach nag erioed yn y dyfodol, i amaeth ac i fywyd gwyllt, ac y gall fod yn hanfodol i oroesiad y naill weithgaredd a'r llall yn y pen draw.

Dyna un rheswm pam yr aethon ni yno. Rheswm arall oedd fy mod i'n teimlo'i bod hi'n hen bryd i ni, griw a chynulleidfa *Galwad*, gael dos da arall o eilandeitis.

ELINOR Fues i'n gweithio yn Sir Benfro am flynyddoedd, ac Ynys Dewi yw fy hoff ynys i o ynysoedd Penfro i gyd. Dwi'n gwybod bod Sgomer yn cael y sylw i gyd; mae Sgomer yn ddramatig am ychydig o'r flwyddyn, mewn ffordd, ond dwi'n meddwl bod Ynys Dewi yn ynys harddach, fwy dramatig.

IOLO Fydda i wastad yn meddwl 'i bod hi'n wyrthiol, bron, fel mae ffermwyr am ganrifoedd lawer wedi creu cynefinoedd, y ffasiwn gymysgedd – hap a damwain, wrth gwrs, oedd o, achos 'u bod nhw isio magu anifeiliaid, tyfu cnydau ac yn y blaen. Ond maen nhw wedi creu'r clytwaith 'ma o gynefinoedd unigryw …

ELINOR Weithie ma' hi mor anodd rhoi ffigurau penodol fod eisie hyn-a-hyn o greaduriaid o'r math fel-a'r-fel ar adegau neilltuol o'r flwyddyn. Mae isie bod reit hyblyg, mewn ffordd, a gweithio gyda graen y tir a'r cynefin.

Roeddwn i'n adnabod y ffermwr wnaeth gyflwyno'r ceirw yma yn 1979. Fe symudodd e wedyn i ffermio yng Nghwm Gwaun a gweld fod y ceirw yn colli'u cyflwr, ac fe ail-greodd e'r cynefin, y glaswelltir, oedd yn debycach i'r ynys ar y tir mawr. Ro'n i ar yr ynys, yn digwydd bod, ryw ddeg diwrnod yn ôl ac ro'dd e gyda ni – ro'n i'n gofyn iddo fe a gymerodd y planhigion, yr hadau a'r plygiau o'r blodau gwyllt sydd yma, mewn caeau oedd wedi'u gwella? Ac o'dd e'n dweud 'do' – yn fendigedig. Maen nhw'n edrych fel hen gaeau glaswellt yn llawn blodau gwyllt … er mwyn i'r ceirw gael y mwynau ac yn y blaen sydd yn y blodau gwyllt. Falle gwelwn ni rai o'r ceirw – ceirw coch y'n nhw – fe adawyd rhai ar ôl ac maen nhw'n byw yn wyllt yma nawr …

IOLO Elinor, dwi isio gofyn i ti am y cloddiau 'ma – cloddiau unigryw Sir Benfro yndê, rhyw gerrig a digonedd o fwd hefyd …

Holi Elinor Gwynn

IOLO   Wyt ti'n lecio'r rhain, Kel? Y mab, Dewi, sydd wedi dal neidr ddafad.

KELVIN Maen nhw'n dlws, tydyn. Yn yr hen fynwant yng Nghaernarfon roeddan ni'n cael y rhain ers talwm, cyn i'r lle gael 'i dacluso.

IOLO   Mae hen fynwentydd yn llefydd da iawn. Maen nhw'n deud bod dwy ran o dair ohoni hi'n gynffon. Rhaid i ti fod yn ofalus sut ti'n gafael ynddi hi. Mi neith hi golli'r cynffon 'ma er mwyn dengid rhag rhyw fwncath ne rwbath felly.

KELVIN Ond nid neidr ydi hi, naci …

IOLO   Naci. Madfall. Mae'r tafod 'ma'n fforchog ac yn saethu allan … blasu'r awyr mae hi, er mwyn adeiladu darlun o'i hamgylchedd. Del ydi hi, yndê? Dwi wrth 'y modd hefo nhw. Weithia ti'n cael rhai hefo smotia glas arnyn nhw, a gei di rai arian. Ond un aur ydi hon. Be ydi hi … rhyw droedfedd o hyd, ella?

KELVIN Ar y mwya, ia. Sbia tew ydi hi – ma' hi wedi cael lle da yn rwla, tydi!

IOLO   Maen nhw'n bwyta gwlithod a phob math o bryfetach a phetha fel'na, felly'n ffrind i'r ffarmwr. Dwi'n trio'u cael nhw i'r ardd 'cw. Dwi ryw bedwar can llath o'r fynwent, ac maen nhw yn fan honno, ond nid yn yr ardd 'cw …

KELVIN Sgin ti gompost go lew?

IOLO   Oes, ma' gen i gompost, ond mi fydd raid i mi gael ryw wal gerrig 'sti, maen nhw wrth 'u boddau hefo waliau cerrig. Dos â hi yn ôl rŵan, Dewi, i'r union le lle cest ti hi.

ELINOR Wel, ie. Craidd o fwd sydd yn 'u canol nhw, wedyn y llinellau 'ma o gerrig. Maen nhw i'w gweld yn gyffredin mewn ardaloedd fel Pen Llŷn hefyd, on'd y'n nhw, y steil yma o godi cloddie. Y math o gloddie mae'r frân goesgoch yn hoffi bwydo arnyn nhw, wrth gwrs – maen nhw'n gynnes ac yn llawn o bob math o bryfed ac yn y blaen – ac yn aml iawn ry'n ni'n gweld madfallod ar y cloddie 'ma, yn torheulo ar y cerrig cynnes. Wrth gwrs, mae e'n gynefin eitha anodd i blanhigion am 'i fod e'n sychu'n gyflym. Ry'n ni'n gweld yr enghraifft yma wrth ein pwys ni nawr yn edrych mor grin, a

rhyw olwg diwedd haf arno, ond y math o blanhigion sydd yn gallu tyfu yn y walie 'ma yw'r briweg, y *sedums* … mae'r dail yn gallu cadw dŵr, fel rhyw fath o gactws, bron. Maen nhw'r un fath â'r *sedums* sydd 'da ni yn yr ardd, ond bod y rhain mor fach, a'r un math o liw cochlwyd, a'r blode bach gwynion.

TWM   … Mae'r elfen o gael mathau pur, o datws er enghraifft, yma. Mae'r gwynt o'r môr yn lân – dim clefydau, ac ar Enlli 'run fath, wrth gwrs. Roedd *premium* i'w gael yn doedd, ar hadau – tatws plannu, fel petai.

DEREK Roedd y ffermwr oedd yma adeg y rhyfel, Bertie Griffiths, yn cydweithio gyda Coleg Aberystwyth. O'n nhw'n tyfu had ma's fan hyn ar yr ynys i'r coleg, a do'n nhw ddim yn *cross-polinatio* gyda'r gwenyn o'r ochr draw, wedyn o'n nhw'n brido'r had yn bur.

TWM Cydweithio oeddan nhw, faswn i'n meddwl, hefo'r fridfa blanhigion ym Mhlas Gogerddan er mwyn cael mathau pur o feillion cochion neu feillion gwynion. Ar y tir mawr mae 'na gymaint o wahanol fathau, ac mi fasa'r gwenyn yn cario paill o un cnwd i'r llall, a fasa'r had fyddai'n cael 'i gynhyrchu ddim yn bur. Wedyn mae ynys fel yma yn fantais fawr o ran purdeb yr had, fel petai.

IOLO Dwi'n gwbod, ar rai o'r ynysoedd eraill, Sgogwm a Sgomer er enghraifft, roeddan nhw'n arfer bridio cwningod, ac yn allforio'r cig a'r ffwr i'r tir mawr – y ffwr yn aml i wneud hetiau, *bowler hats* ...

NIA O'n nhw'n gwneud hynny fan hyn hefyd. Mae 'na gofnod o 1715 bod y cwningod i gyd ar Ynys Dewi yn ddu, gan 'u bod nhw'n eu ffermio nhw ar gyfer y ffwr. Dwi'n meddwl bod yr esgobion yn Nhŷ Ddewi yn hoffi cael y ffwr du ar eu dillad.

TWM Dwi wrth 'y modd hefo'r cloddia' cerrig sy 'ma ... dwi'n dallt eich bod chi wedi bod yn adeiladu rhai o'r rhain, Derek ...

Dwsin o geirw coch sydd ar ôl 'da ni nawr. Dy'n ni ddim am ormod – maen nhw'n dda dros lot o'r tir, ond maen nhw'n mynd mewn i'r pylle sydd gennyn ni fan hyn, ac os y'n ni'n cael mwy na dwsin neu ugain maen nhw yn gneud llanast pan mae'r gornchwiglen yn trio nythu yn yr un man â nhw. Wrth gwrs, maen nhw'n gwneud gwaith da yma. Ble mae'r mieri yn tyfu, maen nhw'n bwyta blaen y planhigion ac yn 'u cadw nhw'n fach ac yn agos i'r ddaear. Ar un adeg, o'dd un o'r hen ffermwyr yn dweud wrtho i, allech chi ddim cerdded unrhyw le yn ne'r ynys achos fod y mieri wedi cymryd y lle drosodd.

Derek Rees

Un o hen waliau Ynys Dewi

DEREK Do, o'n i wrthi am ddeng mlynedd. Pum milltir godon ni – neu ailgodi. Hanner milltir y flwyddyn: dau ohonon ni, bob haf. O'dd y cwningod wedi tynnu'r cerrig allan o'r gwaelod, wedyn roedden nhw wedi syrthio, fel pe bydde rhywun wedi'u tipo nhw ma's o lorri. Felly gawson ni'r gwaith o'u hailgodi nhw, ac maen nhw'n dal i fod yn sefyll, diolch i Dduw.

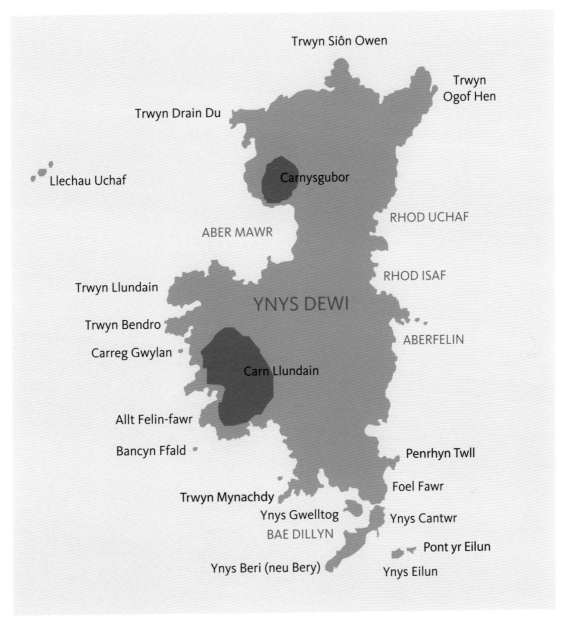

Rhai o enwau difyr arfordir yr ynys

TWM   Ac mae hynny wedi gneud tipyn o wahaniaeth i boblogaeth tinwen y garn, ma' siŵr …

DEREK   Do. O ddim un flwyddyn, pan o'dd y llygod Ffrengig yma – gawson nhw wyth nyth a dim cywion o gwbwl – i dros gant nawr o nythod, ac maen nhw'n gwneud yn arbennig o dda. Dwi'n meddwl fod walydd cerrig yn bwysig dros ben iddyn nhw.

Mae e'n waith anodd i gadw'r cydbwysedd yn iawn. Ry'n ni isie tir wedi ei bori i'r brain coesgoch ac ati, ond ry'n ni angen grug a rhedyn ac yn y blaen hefyd. Ond ry'n ni'n cadw'r defed ochr y gogledd, wedyn mae ochr y de, ble mae pethe'n gallu tyfu, yn gysgod i'r adar ac yn y blaen.

Nia Stevens

31

Oriel Galwad

Mae nifer o'r gwrandawyr selog yn gyrru lluniau i mewn i'r rhaglen – rhai er mwyn rhannu profiad, ac eraill i holi be ydi hwn-a'r-llall. Un o'r ffotograffwyr sy'n gyrru'n fwyaf rheolaidd yw Keith O'Brien o Drawsfynydd, a dyma rai o'i luniau, gydag ychydig o'r cefndir.

Ro'n i'n methu credu fy lwc pan ddaeth y sgwarnog yma draw i ddeud helo wrtha i heno ym mryniau Traws. Mai 2017

Cog yn cael ei herlid gan gorhedydd y waun ar Feidiogydd Traws. Mai 2017

Welais i erioed giach yn yr ardd o'r blaen – y tywydd garw yn gwneud iddynt chwilio am fwyd y tu hwnt i'w cynefin, efallai? Mawrth 2018

Cerddodd y cenau llwynog hwn tuag ataf – estynnais fy llaw allan ato, ac wedi iddo ffroeni tipyn daeth yn nes gan adael i mi fwytho dipyn arno! Penderfynais ei adael rhag ofn fod ei rieni o gwmpas, ond i'm syndod fe ddilynodd fi am tua 20 llath gan fynd o amgylch fy esgid yn chwareus sawl gwaith a rhwbio'i hun yn erbyn fy nghoes fel mae cath yn 'i wneud. Profiad a hanner! Mai 2018

Yng Nghwm Dolgain, Trawsfynydd, cefais gwmni'r dylluan hon am bron i dri chwarter awr. Tachwedd 2017

Bychod danas Coed y Brenin yn ddiweddar. Mae melfed tymor tyfu'r cyrn i'w weld yn blaen, a noder bod un corn ar yr un tywyll yn tyfu at i lawr. Awst 2017

Duncan Brown

Sylwadau gonest pobl eraill sydd yn mynd â fy mryd i – sylwadau arbenigol y panelwyr, sylwadau'r llythyrwyr, ebostwyr a'r ffôn-garwyr o bedwar ban Cymru (a thu hwnt weithiau). Fel cofnodydd natur brwd, a sylwebydd ar y newidiadau brawychus sy'n digwydd yn feunyddiol o'n cwmpas, mae'n hawdd meddwl bod eich milltir sgwâr bersonol, rywsut, yn cynrychioli pobman – a dydi o ddim. Felly, i gael darlun tecach, mae'n rhaid cyflyru eraill i sylwi a chraffu ar eu libart eu hunain – a rhannu. Yn wir, cafodd y math yma o beth ei ddyrchafu yn ddiweddar gan deitl crand: 'Gwyddoniaeth y Dinesydd'. Hynny yw, trwy barchu'r pethau bach mae pobl gyffredin yn eu gweld – a'u cofnodi – daw darlun cywirach.

Dyna, i mi, yw gogoniant rhaglen *Galwad Cynnar* (neu *Galwad Gynnar* fel mae rhai wedi ein cywiro!). A heb fath o ymddiheuriad, rydw i wedi cael y fraint dros y blynyddoedd o droi dŵr melin *Galwad Cynnar* i fy melin fach fy hun! Neu, yn hytrach, i felin fwy Prosiect Llên Natur (Cymdeithas Edward Llwyd).

Bu *Galwad Cynnar* yn ffynhonnell o wybodaeth i Llên Natur y bûm yn 'dwyn' ohoni'n helaeth ers y cychwyn. Mae'r wybodaeth hon yn aml mor fanwl, ac mor fyrhoedlog ar yr un pryd, buan iawn y bydd yn chwalu ar y pedwar gwynt os na rown barch iddi. Y gwrandawyr a'u sylwadau (sylwadau sydd wedi cael eu hysgogi gan rhywbeth maen nhw wedi'i weld), a'u cwestiynau heriol sy'n amhosib, weithiau, i'w hateb, yw conglfaen y rhaglen. A'r hwyl sydd i'w gael rownd y bwrdd brecwast – o ia, mae hwnnw wedi hen fynd (dwi'n cofio yn nyddiau cynnar *Galwad*, gorfod ffugio tincial y llwy yn y gwpan i greu'r darlun cywir. Hmmm!)

Ia, y gwrandawyr! Fel panelwr roedd yr elfen o risg yn heriol – weithiau does ganddon ni ddim syniad beth fydd y cwestiwn neu'r sylw nesa – dro arall cawn ddigon o amser i baratoi ateb call (gobeithio)! O'r cyffredin a'r gonest (Gwen o Dudweiliog yn sôn am geiliog cnocell fraith ar ei bwrdd adar ar 3 Ionawr 2002) i'r amheuthun: Kelvin yn dweud bod 100,000 drudwy yn clwydo yn Afon-wen. Dyma dderbyn llun o walch glas yn rheibio un o'r cyfryw gan Gareth Jones o'r un ardal gyda'r capsiwn '99,999 rŵan'!

Gallwn ymhelaethu ag esiamplau rif y gwlith (mae chwiliad ar 'Galwad Cynnar' yn Nhywyddiadur gwefan Llên Natur yn dangos 73 o enghreifftiau roeddem yn ystyried eu bod yn werth eu hanfarwoli). A sôn am anfarwoli, dyna swyddogaeth y rhaglen: bydd y cof am rai sydd wedi'n gadael ni: Geraint George, Tom Jones, Ieuan Roberts ac eraill, yn aros am hir iawn, diolch iddi. Hir oes eto i *Galwad Cynnar* a'i boregodwyr selog a chraff. Diolch amdanyn nhw.

Llygredd Plastig

Mae plastig yn ein moroedd ac ar ein traethau yn broblem gynyddol, ac yn un sydd wedi ei thrafod lawer gwaith ar *Galwad*. Dyma bigion o rai o'r sgyrsiau.

DUNCAN BROWN
Mae'n rhaid i ni edrych ar y ffordd rydan ni'n cynhyrchu bwyd, yn dosbarthu bwyd a'n defnydd ni o blastig. Mae plastig yn broblem aruthrol – bron yr un mor aruthrol â phroblem newid hinsawdd. Yn y Swistir maen nhw'n dysgu plant am y seicl gyfan o gynhyrchu a gwaredu sbwriel – a charthion hefyd; mae hwnnw'n rhan o'r un peth. Ydi'r plant yn ein hysgolion ni yn gwybod be sy'n digwydd i'r plastig sydd o gwmpas eu bwyd nhw, eu carthion nhw a'u gwastraff nhw? Dwi'n amau'u bod nhw ddim. A ddylai hyn fod yn rhan o'r cwricwlwm, i oleuo plant i'r holl broses?

BETHAN GWANAS
Dwi wedi teithio dipyn, ac Affrica, Tsieina, yr Ariannin, Chile a does 'na'm byd ond llanast. Mae'r gwynt yn mynd â fo, a dyna fo – mae o wedi mynd. Ond mae o'n mynd i rwla, tydi? Mi oedd yr afonydd, y llynnoedd a'r moroedd yn Affrica yn ofnadwy, a'r lle gwaetha welais i oedd yr Antarctig! Mae'r holl blastig 'ma'n glanio ar yr ynysoedd ar y ffordd i Begwn y De ... roeddach chi'n gweld y miloedd o bengwins a'r orcas yng nghanol y cawl plastig 'ma ac roedd o'n troi'ch stumog chi. Sut allwn ni drio newid meddyliau pobol Africa a Tsieina? Mae'n broblem fawr ... 'dan ni'n gorfod gwneud rwbath hefyd, wrth gwrs, ond mae o ar raddfa fyd-eang, yn tydi?

Plastig ac Adar Môr
Tachwedd 2016

HYWEL GRIFFITHS
Mae 'na wyddonwyr wedi darganfod bod plancton yn glynu at y plastig sy'n arnofio ar y môr, ac wrth i'r plancton hwnnw dorri i lawr mae e'n rhyddhau rhyw arogl sy'n debyg i arogl bwyd, gan wneud i'r adar feddwl taw bwyd yw e. Maen nhw'n cael eu twyllo, mewn ffordd, i lyncu'r darnau plastig 'ma. Mae hyn yn arwydd trist o un o'r probleme mwya brawychus a difrifol o ran llygredd yr amgylchedd, sef yr holl blastig sy'n mynd i mewn i'r moroedd.

GERALLT
'Dan ni wedi sôn sawl gwaith ar y rhaglen pam bod adar yn bwyta topiau poteli ... a'r pethau rhyfeddaf, mae'n debyg, ydi hen frwshys dannedd a darnau o rwydi pysgotwyr ac ati. Mae'n arswydus pan 'dan ni'n gweld y lluniau 'ma o adar yn cael eu diberfeddu ar ôl eu golchi i'r traeth. Mae'n frawychus, tydi?

HYWEL
Ydi. Chi'n iawn, ond mae'r darnau plastig dach chi ddim yn gallu eu gweld – y *microbeads* a'r *microplastics* sydd mewn nifer o bethau 'molchi, y pethau bach, bach 'ma sy'n mynd i mewn i'r amgylchedd – mae'r rheiny'n mynd i mewn i'r cregyn ... pethau fel wystrys. Wedyn 'dan ni'n eu bwyta nhw ac mae'r *microbeads* 'ma'n mynd yn rhan o'r gadwyn fwyd a gweithio'u ffordd i fyny'r gadwyn honno. Fel dwi wedi sôn o'r blaen, mae'r llywodraeth wedi penderfynu trio gwahardd y *microbeads* erbyn y flwyddyn nesa, ac mae hynny'n newyddion da.

GERALLT
Be sy'n rhyfeddol, ar ôl miliynau o flynyddoedd o esblygu, ac adar wedi perffeithio'r grefft o hela am fwyd, ydi bod y plastig 'ma wedi eu twyllo nhw.

Egryn
Rhagfyr 2006

Pan etifeddodd yr Ymddiriedolaeth Genedlaethol fferm o'r enw Egryn ger Tal-y-bont, rhwng Harlech a'r Bermo yn ne Meirionnydd, edrychai i bob pwrpas fel eiddo ar ei sodlau. Ar yr olwg gyntaf, tŷ o Oes Fictoria oedd y ffermdy, gydag ambell ychwanegiad o hanner cyntaf yr ugeinfed ganrif, ac roedd yn amlwg fod y fferm wedi cael ei hesgeuluso braidd yn ystod y blynyddoedd diweddar. Prin y dychmygai'r archwilwyr aeth i daro golwg dros y lle eu bod nhw ar fin agor y drws ar drysordy âi â nhw ar daith drwy'r cenedlaethau, yn ôl i ddiwedd y bymthegfed ganrif.

Hen gwmwd Ardudwy yw hwn, ardal gyfoethog iawn ei hanes. Yn britho'r llethrau o amgylch Egryn mae nifer o henebion o Oes yr Efydd, a rhai sy'n dyddio o gyfnodau cyn hynny hefyd. Does dim rhaid i chi fynd yn bell iawn o Egryn ei hun cyn dod ar draws Carneddau Hengwm – adfeilion dwy feddrod fawr sy'n dyddio o ryw bum mil o flynyddoedd yn ôl (yn agos i ddwy fil o flynyddoedd cyn codi'r pyramid cyntaf yn yr Aifft). Tu ôl i'r eiddo, mae olion hen gaer Pen y Dinas, oedd yn ei hanterth rywbryd yn Oes yr Haearn – tua 1000 CC, neu 3000 CP (Cyn y Presennol). Ac, yn ôl ail gainc y Mabinogi, roedd llys Bendigeidfran fab Llŷr yn Harlech, ychydig filltiroedd i'r gogledd.

Llamwch drwy'r canrifoedd, ac yn y bryniau y tu ôl i Egryn mae dau hen lwybr masnachol o'r Canol Oesoedd. Mae Bwlch Drws Ardudwy yn gwahanu'r Rhinogydd, ac mae Bwlch Tyddiad (*Roman Steps* i'r Sais, ac artaith i'r traed) yn baglu i lawr dros y tir garw rhwng Rhinog Fawr a Chraig Wnion. Daw Bwlch Drws Ardudwy i lawr i Gwm Nantcol heibio Maesygarnedd, hen gartref y Cyrnol John Jones, un o'r rhai a arwyddodd gwarant ddienyddio Siarl I. Roedd o hefyd yn frawd yng nghyfraith i Oliver Cromwell. Cafodd yntau ei ddienyddio yn 1660. Daw Bwlch y Tyddiad â chi i lawr i Gwm Bychan.

Ychydig i fyny'r lôn o Egryn mae hen blasty Cors y Gedol a godwyd yn 1576, a hynny ar safle plasty cynharach mae'n debyg. Roedd Cors y Gedol yn gartref i Rhisiart

Adnewyddu Egryn

Fychan a'i ddisgynyddion: teulu o noddwyr beirdd a chasglwyr llawysgrifau brwd. A draw yn Harlech, wrth gwrs – ac yn serennu oddi ar bron bob cerdyn post o'r ardal – mae gweddillion moel y castell enwog a godwyd am wyth mil o bunnoedd i'w lordio hi dros fôr a thir gan Edward I yn 1282, a'i gipio gan Owain Glyndŵr yn 1404.

I ddod yn nes eto at ein dyddiau ni, ar ochr y lôn, yn agos iawn i Egryn, mae Capel Egryn. Dyma lle bu Mary Jones yn pregethu yn ystod Diwygiad 1904-05. Gwraig fferm gyfagos oedd Mary Jones, gafodd ysbrydolaeth a chryn sylw gan y wasg ryngwladol pan ddechreuodd hi weld goleuadau llachar yn yr awyr. Be oedd achos y peirotecnics? Methan (*methane*) yn codi o'r môr a'r corsydd, meddai rhai.

Keith Jones o'r Ymddiriedolaeth Genedlaethol, un o gyfranwyr selog *Galwad Cynnar*, dynnodd fy sylw i at Egryn a'r ffaith fod y gwaith o adnewyddu'r hen le yn datgelu haen ar ôl haen o hanes y tŷ a'i fro. Roedd pob cenhedlaeth fu'n byw yno wedi addasu'r tŷ i'w dibenion eu hunain – nid trwy chwalu'r hen cyn codi'r newydd, ond trwy ychwanegu'r newydd at yr hen. Dyna wnaethpwyd dro ar ôl tro, a'r canlyniad ydi bod yr adeilad gwreiddiol, gyda distiau sy'n dyddio o tua 1496, yn dal i sefyll yn graidd i'r ychwanegiadau wnaethpwyd rhwng yr unfed ganrif ar bymtheg a dechrau'r ugeinfed ganrif. Nionyn o le.

Mae ambell hen fap yn enwi'r tŷ fel 'Egryn Abbey' er nad oes tystiolaeth bod unrhyw gysylltiad eglwysig â'r lle erioed. Mae rhai haneswyr yn tybio bod y tŷ gwreiddiol wedi ei godi ar safle ysbyty oedd yn bodoli yno yn y bedwaredd ganrif ar ddeg ar gyfer teithwyr a thlodion y fro, ac mai cyfeiriad at hynny yw yr 'Abbey.' Beth bynnag, oherwydd y diffyg tystiolaeth, mae'r Ymddiriedolaeth Genedlaethol wedi hepgor y gair hwnnw o enw Egryn.

I ychwanegu at atyniad y safle i ni, mae amryw o adeiladau'r fferm yn hynafol iawn, a saif sied fawr yn y cefn yn llawn o greiriau o Oes Fictoria ymlaen. Roedd rhyw sôn hefyd bod olion o'r chwarel ildiodd ei meini i adeiladu castell Harlech i'w gweld yn rhywle ar dir y fferm. Ond yr atyniad mwyaf oedd bod nifer o grefftwyr arbenigol yn brysur yn adfer yr hen le'n ofalus er mwyn cadw'r nodweddion hynafol, o gyfnod i gyfnod, gan adnewyddu'r ais yn y muriau mewnol, a phaneli derw'r hen barwydydd o'r Canol Oesoedd, ac yn y blaen – gan ddefnyddio dulliau traddodiadol ble'r oedd hynny'n ymarferol.

Er mai rhaglen natur ydi *Galwad* yn bennaf, pwy allai wrthod cyfle i recordio yn y fath le? Wedi'r cwbwl, does dim isio bod yn rhy ofnadwy o gul ynglŷn â'r petha 'ma, nag oes?

Gerallt oedd yn cyflwyno, yng nghwmni Keith Jones, Richard Neale a John Morgan, y tri o'r Ymddiriedolaeth Genedlaethol, a Dennis Hughes, yr adeiladwr o Fethesda oedd yn gyfrifol am roi'r bywyd yn ôl yn yr hen barwydydd. Ac o ystyried yr adeg o'r flwyddyn, cafwyd cyfraniadau a chyfarchion tymhorol gan Twm Elias, Iolo Williams, a Bethan Wyn Jones yma ac acw yn y rhaglen hefyd. Darlledwyd ymweliad *Galwad Cynnar* ag Egryn ar drothwy Nadolig 2006.

> Mae 'na ryw chwe mlynedd ers i'r eiddo gael ei adael i ni. Mae hi'n fwy o stad nag o ffarm, o'r môr i ben y Rhinogydd, felly 'dan ni yn gweld hwn fel un o'n safleoedd archeolegol pwysicaf ni yng Nghymru.
>
> Be dwi'n weld ynglŷn ag Egryn ydi bod yma gymaint o haenau, o Oes y Cerrig i Oes Fictoria. Mae popeth yn dal yn ei le. Mae patrymau'r caeau yn mynd yn ôl i Oes yr Haearn, a wedyn ar ben 'rheina mae patrymau o'r bedwaredd ganrif ar bymtheg.
>
> **Keith Jones**
> **Yr Ymddiriedolaeth Genedlaethol**

> Mae'r tŷ 'ma mewn tair rhan. Mae ganddoch chi'r tamaid canol gafodd ei godi dros bum can mlynedd yn ôl, y rhan dipyn bach diweddarach 'na, wedyn y rhan fodern, fel petai – mae hwnna'n dyddio'n ôl ganrif a hanner faswn i'n deud.
>
> **Dennis Hughes**

GERALLT Faint dach chi wedi gorfod 'i ddysgu, neu ei ail-ddysgu, ynglŷn a chrefft adeiladu wrth adfer lle fel hyn?

DENNIS Mae rhywun yn dysgu'n ddyddiol, a bod yn onest. Rydach chi'n cymryd tipyn bach o gambl ... ma' raid i chi. Does nunlle, bron, heddiw yn dysgu'r hen grefft. Felly, ma'n rhaid i chi weld sut oeddan nhw'n gweithio a thrio

Dwi'n credu yn gryf mewn edrych ar y waliau, ac os edrychwch chi i lawr ar y fan yma o gopa un o'r Rhinogydd, mae'r waliau mawr, syth, trwchus sydd – yn y rhan yma o Ardudwy, beth bynnag – yn defnyddio cerrig crwn, be maen nhw'n 'i alw ffordd hyn yn 'bennau cŵn'. Mae'r rheina'n mynd drwy ganol bob dim fel *grid-iron*. Ac wedyn dach chi yn gweld y rhai o'r Canol Oesoedd – mae'r rhain yn defnyddio'r tirlun yn well, yn mynd o gwmpas ... tydyn nhw dim yn syth o gwbwl. O dan y rhain mae rhai Oes yr Haearn. Waliau bychain ydi'r rheina, ond wrth gwrs dim ond olion ydyn nhw erbyn hyn.

Keith Jones

dilyn yr un patrwm – ond y gwahaniaeth ydi, heddiw rydan ni angen gwneud arian.

GERALLT   Dwi'n gweld bod ail-blastro wedi digwydd. Calch, dwi'n cymryd? Calch a rhawn, ia?

DENNIS   Calch a blew gafr. Mae o i'w gael yn ddigon hawdd, ond tydi o ddim yn rhad. Mae bwndal lond llaw yn agos i bumpunt ... felly os gwelwch chi lot o eifr noeth o gwmpas, mi fyddwch chi'n gwbod pam.

GERALLT   Mae'n amlwg bod gwaith adfer wedi bod ar y nen-brennau 'ma, a'r nen-ffyrch. Derw glân – gwyn, bron – a'r hen dderw wrth 'i ochr o, a'r patrymau 'ma wedi'u gweithio yn y palis. A'r pegia 'ma, hoelion pren, yn dal y cwbwl at 'i gilydd.

Hen fframwaith o'r Canol Oesoedd wedi'i ddatgelu

DENNIS   Mae dipyn go lew o waith wedi'i wneud. Y bwriad oedd dod â fo'n ôl i be oedd o. Dyna pam fod gynnoch chi gymaint o jointia. Derw lleol o Ganllwyd – coed sy wedi disgyn mewn stormydd, sy'n beth da ... tydyn nhw ddim wedi torri coeden i lawr jest er mwyn trwsio.

GERALLT   Mae un darn sy'n cynnal gweddill y palis – argol fawr, dwi'n ceisio dychmygu'r goeden ddaeth hwnna ohoni!

DENNIS   Yn hollol. Mae 'na bwysau ofnadwy yn y coed – sut aflwydd roeddan nhw'n 'u codi nhw bum can mlynedd yn ôl? Doedd ganddyn nhw mo'r petha mecanyddol sy ganddon ni heddiw.

GERALLT   A dim golwg o hoelen na sgriw yn nunlla …

DENNIS   Nag oes, a 'dan ninna wedi trio gwneud y trwsio yn yr un ffordd. Does ganddon ninna 'run sgriw na hoelen chwaith – a phan dach chi'n meddwl

> Ma' hi'n dirwedd fyw. Tydi hi ddim yn stopio. Dach chi'n gweld gwartheg duon y tenant sydd ganddon ni yn y fan yma yn y caeau. Dyna un peth dwi'n goelio – mae'r dirwedd yn gorfod byw, dim yn mynd yn ei hôl. Dach chi'n mynd ymlaen bob tro, neu ni fydd y genhedlaeth gynta i stopio datblygiad.
>
> **Keith Jones**

am holl bwysa'r pren 'na, mae o i gyd yn dibynnu ar y pegia pren.

KEITH   Defnyddio penna' cŵn – y cerrig crwn 'ma – maen nhw, ond mae pob carreg yn y fan yma wedi'i gweithio hefo llaw er mwyn 'i sgwario hi i ffwrdd. Tydi'r rhain ddim wedi dod o chwarel – wedi'u codi o'r cae maen nhw. Triwch chi godi tŷ allan o farblis – felly mae hwn yn edrych i mi.

GERALLT   W'sti, mae rhywun yn gorfod deud bod y rhain yn grefftwyr, ac edmygu'u gwaith nhw. Mae hwn yn gadarn, tydi?

KEITH   Tu ôl i ni, mae wal gadw hefyd, ryw dair neu bedair llathen o drwch. Wedi cymryd y cerrig allan o'r caeau maen nhw. Ac mae'r rhain hefyd yn nodweddiadol o'r ardal yma. Y gwendid mawr hefo waliau'r fro yma ydi nad oes 'na ddim 'cerrig drwadd' ynddyn nhw. Dach chi'n adeiladu wal mewn dau groen, ond yn Ardudwy, be maen nhw wedi'i wneud ydi rhoi cerrig trymion, anferthol, ar ben y wal ... a thriwch chi godi rheina i ben wal saith troedfedd! Mae'r enw Saesneg arni yn reit dda hefyd: *consumption wall*. Maen nhw'n cymryd y cerrig i gyd allan o'r cae, *consuming the stones* felly, yndê, i gyd i grombil y wal.

GERALLT   Glywis i'r gair 'carleg' yn cael 'i ddefnyddio hefyd i ddisgrifio'r pentyrau mawr 'ma o gerrig sydd wedi cael 'u codi o'r tir …

KEITH   Mae o'n dir da i dyfu cerrig, 'swn i'n ddeud.

Adnewyddu'r waliau

Roedd o'n dipyn bach o syrpréis pan gafon ni'r lle 'ma – doeddan ni ddim yn disgwyl i'r peth ddigwydd. Doeddwn i ddim yn gyfrifol am y lle bryd hynny, ond dwi'n siŵr bod 'na gryn dipyn o ddyfalu sut i ymateb i'r rhodd. Roedd delio hefo'r casgliad enfawr o hen greiriau oedd yma – y tractors, peirianna' o bob math, a lampau ... dwi'n deall bod 'na dros fil o lampau yma – yn dipyn o sialens i'r Ymddiriedolaeth. Oherwydd be mae'r Ymddiriedolaeth wedi'i gael ydi ffarm hynod o ddiddorol. Mae 'na amrywiaeth enfawr o gynefinoedd, a'r hanes, wrth gwrs, yn benigamp yma. Mi ydw i'n meddwl am hwn fel eiddo a'i draed yn y môr a'i ben yn y cymylau. Mae o'n ryw siâp rhyfedd – tua 400 acer, sy'n rhedeg i fyny o'r arfordir, jest i'r gogledd o'r Bermo reit i fyny i Fwlch Rhiwgyr ar gopa'r Rhinogydd. Mae o'n ryw fath o eiddo hirfain, tenau – mae llawer iawn o ffermydd Ardudwy fel hyn. Ma'n rhaid iddyn nhw gael 'u siâr teg o arfordir gwlyb, caeau da o gwmpas y ffarm, ffridd dda i'w phori, a'r mynydd ei hun ...

Richard Neale

GERALLT Mae rhywun yn gweld eich bod chi wedi tynnu haenau o hanes oddi ar y muriau a'r parwydydd 'ma, Dennis. Dyna oedd y ffasiwn 'de, cuddio'r hen grefftwaith. Hefo be? Hardbord?

DENNIS Dynnon ni tua chwe haen o bapur, ac wedyn roedd 'na *plasterboard*, ac o dan hwnnw ryw bedair haen arall o bapur, ac wedyn o dan hwnnw, *hardboard*, ac o dan hwnnw llwyth o bob math o bapurau, ac o dan hwnnw, *wattle and daub*. Mae o'n werth 'i weld, a toedd 'na neb yn gwbod 'i fod o yno …

GERALLT Rŵan, mae gwaith y crefftwr i'w weld. Mae'r gwiail mân fel basged, tydi – 'fatha 'sach chi'n

gwneud basged. Wedyn, am wn i mai tail neu bridd oeddan nhw'n ddefnyddio?

DENNIS Ma' 'tail' yn ffordd neis o'i ddeud o! Mae o wedi sefyll yn fanna am bum canrif. 'Dan ni wedi gyrru sampl i ffwrdd i gael 'i analeisio, a chyn gyntad ag y cawn ni hwnna'n ôl, rydan ni isio ail-wneud fanna fel roedd o'n wreiddiol. Mi fasa hi'n rhy hawdd i ni wneud rwbath i fyny'n hunain, ond nid dyna be 'di'r pwrpas. Y pwrpas ydi'i roi o'n ôl fel roedd o'n wreiddiol.

JOHN Beth oedd ganddon ni fan hyn oedd adeilade hynod ddiddorol ond dim digon o arian i wneud popeth o'dd rhywun am 'i wneud. Y peth cyntaf o'dd ca'l rhyw fath o gynllun sut oedden ni am wella'r lle, gan edrych ar y tŷ yn enwedig, a'i roi e'n ôl mor hanesyddol ag y medren ni. Wedyn ma'n rhaid dod ag arian 'nôl i mewn, i'w roi yn ôl i'r ffferm, fel ein bod ni'n gallu gwella pethach eraill yma. A hefyd, wrth gwrs, edrych ar yr ochr ffermio – fferm draddodiadol, gwartheg duon Cymreig a defed mynydd Cymreig, dyna y'n ni isie'i weld 'ma. Ein gobeth ni am y dyfodol yw ein bod ni'n medru cyfuno'r amrywieth 'ma sydd ar y fferm a cha'l tywys pobol o gwmpas y lle; dangos pethe diddorol iddyn nhw o safbwynt cadwreth, archeoleg, a hefyd yr ochr ffermio, fel ein bod ni'n cyfuno'r pethach 'ma i gyd.

RICHARD Un peth 'dan ni wedi bod yn 'i wneud fel rhan o'r prosiect yma ydi cael dyddiau agored. Fe ddaeth 'na dros gant o bobol i'r un diwetha, ac roedd o'n hynod o ddiddorol cael clywed atgofion pobol o'r lle, yn mynd yn ôl i'r tridegau – nid yn unig am oleuadau Egryn ond y straeon, yr hanesion, y troeon trwstan … pob math o betha oedd wedi digwydd yma, ac mae hynna wedi dod â'r lle yn fyw i ni. Mae o gymaint mwy na waliau a chynefinoedd naturiol – mae o wedi rhoi haen o hanes i'n ddealltwriaeth ni o'r lle. Fe fydd be 'dan ni'n mynd i'w wneud yn y dyfodol yn llawer iawn cyfoethocach am ein bod ni'n deall mwy am hanes y lle.

Goronwy Wynne

Yn ôl yn 1886 dywedodd John Storrie, curadur Amgueddfa Caerdydd, nad oedd gan y mwyafrif llethol o bobl yr ardal fawr o syniad am fyd natur ac na wyddent enwau'r blodau cyffredin yn Gymraeg nac yn Saesneg. Heddiw, deallaf mai *Galwad Cynnar* yw un o'r rhaglenni mwyaf poblogaidd yn Gymraeg, gan ddenu llu o wrandawyr. Dwy ffaith gwbl ddigyswllt ... neu a fuasai stori Storrie yn dal dŵr heddiw?

Beth bynnag am hynny, mae'r rhaglen yn dathlu chwarter canrif, ac mi rydw i wedi cael blas ar wrando ar lawer iawn o'r rhaglenni (y rhan fwyaf efallai) ac wedi mwynhau cymryd rhan mewn ambell un.

Mae'r patrwm wedi amrywio: criw bach o gwmpas y bwrdd yn y stiwdio ... cyfraniad gan hwn a'r llall dros y ffôn ... ateb cwestiynau o flaen cynulleidfa, neu sgwrs anffurfiol allan yn y byd go iawn – a'r cyfan yn 'gweithio' gan fod y cynhyrchydd wedi paratoi, a'r cyfranwyr (ar y cyfan!) yn wybodus ac yn gartrefol.

Mae'r cwestiynau a drafodwyd yn ddiddiwedd: lliwiau'r hydref, y gwiwerod, hanes te a choffi, adar mudol, ydi eiddew (iorwg) yn lladd coed? Ydach chi'n hoffi coed pin? Arwyddion y tywydd, byd natur yn yr ysgol gynradd, blodau'r ardd, gorboblogi, y 'llysiau llesol', pobl y colegau yn deud wrth y ffarmwrs be i'w wneud ... ac ymlaen ac ymlaen.

Yn bersonol, mae gen i gof byw am rai o'r rhaglenni yn yr awyr agored. Slochian yn y mwd yn aber afon Dyfrdwy ger Ffynnongroew, picnic yn yr haul ar ben Moel Fama, syrthio i'r afon o ryw gwch yn ardal y Bala(!), gwylio gwenoliaid y môr ger Gronant, mwynhau'r blodau prin ar y garreg galch – a phob tro yn gweld rhywbeth newydd, yn gwneud ffrindiau, ac yn dysgu oddi wrth ein gilydd.

Diolch, felly, i bobl Radio Cymru am drefnu'r rhaglen ar hyd y blynyddoedd; i Aled Jones am 'fugeilio' yr holl gyfranwyr o wythnos i wythnos; i Gerallt a Iolo a'r cyflwynwyr eraill am ein tywys drwy ddirgelion y byd byw, ac i chi i gyd am wrando ac am ymateb.

Daliwch ati, gyfeillion, i'n diddori yn y cyfnod rhyfedd hwnnw rhwng cwsg ac effro bob bore Sadwrn.

Y Bele Goed

Rhagfyr 2017 – Elinor Gwynn

Yn 2015 a 2016 ailgyflwynwyd y bele goed i Ganolbarth Cymru. Yma, mae Elinor Gwynn yn rhoi diweddariad o'u datblygiad.

'Newyddion diddorol iawn am yr hyn sy wedi bod yn digwydd iddyn nhw: am bod nhw wedi bod yn tracio'r creaduriaid – mae 59 wedi cael eu gollwng i gyd dros dair blynedd – maen nhw'n gwybod yn union lle maen nhw wedi bod yn symud. Maen nhw wedi bod yn symud yn y nos ar hyd coridorau coed ac afonydd; mi wnaeth un symud o Gwm Rheidol, o fewn wythnos neu ddwy, i fyny i arfordir gogledd Cymru, ardal Llanelwy, coedwig ardal Castell Gwrych a nawr mae wedi ymsefydlu yng Nghlocaenog. Maen nhw wedi darganfod bod y gwrywod yn sefydlu tiriogaethau reit fawr a'r benywod yn sefydlu tiriogaethau llai, a'u bod nhw'n archwilio'r ardal yn reit eang cyn setlo ar diriogaethau.

Mae chwech o'r belaod wedi cael eu colli yn y flwyddyn

Awen Jones

Fy mhrofiad cyntaf ar *Galwad* oedd cael mynd i ardd Elinor Gwynn i drafod perlysiau – gryn amser yn ôl rŵan – a finna'n swp sâl ac yn nerfau i gyd, ond o fewn dim roedd croeso cynnes a chefnogaeth Elinor wedi lleddfu'r ofnau.

Yn ddiweddarach, mi ges i gynnig slot rheolaidd ar y rhaglen – galwadau cynnar iawn, ond alla i ddim cwyno gan fy mod i'n cael cyfrannu o adra, yn fy slipars ac efo paned o goffi cryf yn fy llaw, tra bod eraill yn gyrru i Fangor yng nghrombil y nos, a thrwy bob tywydd yn y gaeaf! Eto, roedd cefnogaeth a chyfeillgarwch y tîm yn gwneud yr holl beth yn hwylus. Byddwn wedi cael sgwrs dda hefo Mr Jones yn gynharach yn yr wythnos i drafod y rhaglen a beth fasa'n berthnasol a thymhorol, a deuai'r alwad fore mewn da bryd i setlo'r nerfau cyn cyfrannu.

Ond weithiau, mae cyfrannu o adra yn gallu bod yn 'ddiddorol'. Un tro, roedd y trydan wedi bod i ffwrdd ers canol y nos, a phenderfynodd ddod yn ei ôl pan o'n i ar ganol fy nghyfraniad. Deffrodd pob peiriant yn y tŷ efo'i gilydd, gan fibian a chanu yn y cefndir. Mae siarad yn gallu bod yn anodd hefyd pan fydd bachgen bach pedair oed yn meddwl ei bod hi'n sbort i dynnu stumiau a dawnsio'n hurt o 'mlaen ... dwi'n trio peidio chwerthin!

Dwi wir wedi mwynhau'r OBs. Mae'n rhaid i mi ddeud ei fod yn rhyddhad sylweddoli bod sawl un oedd yn gofyn cwestiynau i'r panel yr un mor nerfus â fi! Cefais ddiwrnod braf a chroeso cynnes yn nhŷ Tom Golan, yn gwrando ar adar y to yn parablu a bwyta'i jam blasus. Mae gen i atgofion melys hefyd o fusnesa yng nghypyrddau Plas yn Rhiw, a sbecian tu ôl i lenni gerddi Castell Powys. Ond y profiad sy'n cyfleu orau i mi sut beth ydi bod yn rhan o griw *Galwad* ydi'r daith wnes i efo nhw i lawr i Fachynlleth. Nid y recordio, na hyd yn oed y paratoi, ond yn syml, y siwrne. Roedd pawb yn trafod pynciau'r dydd (a dadlau yn eu cylch), trafod cadwraeth a gwleidyddiaeth, rhannu atgofion a straeon, tynnu coes a chwerthin, a'r holl beth mewn Cymraeg gloyw, mewn tôn gyfeillgar a chwrtais. Rhaid i mi gyfaddef 'mod i wedi mynd braidd yn fud, gan eistedd yn ôl a mwynhau gwrando ar y bobol wybodus a chlên yma ... dyna ydi *Galwad* i mi.

gynta – ysglyfaethu yn bennaf oedd yr achos. Llwynog, er enghraifft, oedd wedi cymryd un benyw feichiog, ac mae un wedi cael ei ladd gan gar eleni. Ond ar y cyfan, mae'r genedigaethau yn cydbwyso'r marwolaethau ac maen nhw'n tybio bod tua 55 o felaod coed – ddaeth o'r Alban – wedi cael eu geni yma yng Nghymru nawr. Be sy'n hyfryd ydi bod un ohonyn nhw wedi cael un bach yn y flwyddyn gyntaf – bydde hi wedi beichiogi yn yr Alban – ond eleni gafodd hi bedwar o rai bach, sy'n golygu ei bod hi wedi bridio yng Nghymru.'

Plas yn Rhiw

Gorffennaf 2013

Yng Ngorffennaf 2013, roedd fy ymddeoliad o'r BBC ar y gorwel, a 'nhymor fel cynhyrchydd *Galwad Cynnar* yn tynnu tua'i derfyn o'r herwydd, ac roedd un rhaglen ar leoliad ar ôl i'w recordio. Y cwestiwn mawr oedd pa leoliad fyddai hwnnw? Ddylen ni fynd yn ôl i Gwm Idwal, ein gwarchodfa natur genedlaethol gyntaf ni? Dychwelyd i Ynys Sgomer? Mae digon i'w ddweud am Sgomer pryd bynnag yr aiff rhywun yno. Neu Sgogwm, ei chwaer ynys? Mae honno'n ynys bwysig iawn yn hanes cadwraeth, ac roeddwn i wedi recordio cwpwl o raglenni yno, ond nid *Galwad*. Be am Enlli? Ond ro'n i wedi recordio ar Enlli fwy nag unwaith, ac o sawl lleoliad ar y môr o'i hamgylch. Beth am rywle newydd – Castell Powys, efallai? Y Bannau? Cader Idris? Lefelau Gwent? Cors Caron? Y dyfnfor, hyd yn oed? Roedd siawns y bydden ni'n gweld crwban cefn lledr, ond ar y llaw arall, roedd hi lawer mwy tebygol na welen ni affliw o ddim byd! Gwibiodd lleoliadau posib trwy fy meddwl, a finna fel plentyn mewn siop deganau, isio pob un. Ac eto, drwy'r cyfan, ro'n i'n teimlo tynfa gref i ddau gyfeiriad. Mynd yn ôl i Ben Llŷn (mên-bering y byd, os nad y bydysawd) neu recordio mewn gardd yn rhywle. Roedd sbel ers i ni recordio mewn gardd ddiwethaf. Ond roedd dewis arall, wrth gwrs: ymateb i'r ddwy dynfa gyda'i gilydd, a mynd i ardd ym Mhen Llŷn. Ro'n i wedi clywed canmol mawr ar ardd un o dai bonedd Pen Llŷn droeon, ond er i mi gael fy ngeni gwta chwe milltir oddi yno, fûm i erioed ym Mhlas yn Rhiw yn fy mywyd, yn y tŷ nac yn yr ardd.

Mae Plas yn Rhiw yn sefyll nid nepell o Aberdaron, ym mhen deheuol Llŷn. Cafodd rhan o'r tir ei drosglwyddo i'r Ymddiriedolaeth Genedlaethol yn 1946, ac aeth gweddill yr eiddo i feddiant yr Ymddiriedolaeth chwe blynedd yn ddiweddarach. O, ac mae Ynys Enlli jest rownd y gongl!

Gerallt Pennant fyddai'n cyflwyno'r rhaglen, a'i westeion oedd Bethan Wyn Jones, yr arddwraig Awen Jones, a Twm Elias, ynghyd â Mary Thomas, ceidwad Plas yn Rhiw, a'r pen-garddwr, Llifon Jones. Dylan Hughes oedd y dyn sain.

Plas yn Rhiw a'r ardd odidog

45

Roedd hi'n ddiwrnod heulog, braf pan aethon ni yno i recordio, a phawb yn ysu am gael crwydro drwy'r ardd. Ond, cyn hynny, mi gawson ni olwg ar y tŷ.

Wn i ddim be oeddan ni i gyd yn disgwyl ei weld – honglad ymhonnus blêr, efallai, oherwydd yr elfen 'Plas' yn yr enw, fel fersiwn llai o Gastell Powys, yn fombast mewn brics cochion yn ei lordio hi dros ei gynefin. Neu ryw horwth llym o ffug-gastell fel Castell Penrhyn, Bangor, yn parhau i fygwth ei fro genedlaethau ar ôl sugno'r chwys a'r gwaed ohoni. Ond teg dweud, dwi'n meddwl, yw ein bod wedi'n siomi ar yr ochr orau. Tŷ ynteu plas ydi o? Wel, os ydi plas yn fwy na thŷ, a thŷ yn fwy cartrefol na phlas, yna mae o'n dŷ. Tŷ sylweddol, ond un hyfryd iawn 'run pryd, yn cymryd ei le yn ei gynefin yn well o'r hanner nag unrhyw *grand design* welais i erioed. Tŷ sydd i fod yn union lle mae o – mi fyddai'r safle yn dlotach o beth coblyn hebddo fo, a fyddai yntau ddim hanner mor hardd ar unrhyw safle arall.

Mae de eithaf Penrhyn Llŷn mor gyfoethog ei hanes ag unrhyw ran arall o Gymru, gyda golion gweithgaredd dynol wedi bod yn britho'r fro o oesoedd y cerrig ymlaen, boed yn feddrodau neu'n weddillion Cytiau Gwyddelod. A thafliad carreg o'r Plas, mae olion cloddio am siâl (*shale*) i wneud bwyeill carreg, olion sy'n dyddio, yn ôl Ymddiriedolaeth Archeolegol Gwynedd, o'r oes Neolithig (tri neu bedwar mileniwm cyn Crist). Ond mae hanes Plas yn Rhiw ei hun yn dechrau yn yr unfed ganrif ar bymtheg, pan godwyd cnewyllyn y tŷ presennol ar safle adeilad tipyn hŷn. Fel bron bob adeilad o werth, newidiodd yn raddol o ganrif i ganrif. Ac o addasiad i addasiad, tyfodd i feddu ar estyniad, ac ystad, a thyddynnod, a melin, ac yn y blaen. Erbyn diwedd y bedwaredd ganrif ar bymtheg, roedd o wedi datblygu'n adeilad trillawr, solet. Yna, rywdro yn ystod y bedwaredd ganrif ar bymtheg, fel cymaint o dai bonedd eraill yn yr oes honno, magodd ardd addurniadol, haen o stwco (*stucco*) gwyn, a feranda.

Erbyn tridegau'r ugeinfed ganrif, fodd bynnag, roedd o'n wag ac yn dechrau dadfeilio. Fe'i prynwyd yn 1939 gan dair chwaer, y Keatings o Nottingham, a'i adfer i'w gyflwr presennol. Cafwyd gwared ar hynny o'r stwco gwyn oedd heb blicio a mynd i ganlyn y gwynt – wel, amser rhyfel oedd hi wedi'r cyfan, a byddai adeilad gwyn yn amlwg iawn o'r awyr ac o'r môr. Er bod yr olaf o'r chwiorydd wedi gadael y Plas yn 1981, mae stamp y teulu, ynghyd â stamp eu cyfnod, ar y lle hyd heddiw. Fe'n tywyswyd ni drwy'r tŷ, a'i hanes, gan Mary Thomas.

Yr olygfa dros Borth Neigwl

MARY   Yn aml iawn mi fydda i'n teimlo 'mod i adra. Er bod y chwiorydd Keating wedi rhoi'r lle i'r Ymddiriedolaeth Genedlaethol yn 1952, roeddan nhw'n dal i fyw yma am gyfnod wedyn, a nhw ddechreuodd agor y tŷ a'r ardd i'r cyhoedd. 'Dan ni wedi cario 'mlaen i wneud be ddechreuon nhw, mewn ffordd.

Lle mae'r parlwr ydi'r darn gwreiddiol, yn dyddio o 1534, ac mi gafodd ei ymestyn yn 1634 ffor'na – mae 'na ddyddiad uwchben y garreg uwchben y ffenast yn fanna. Mae'n debyg bod 'na ryw basej i mewn drwy'r canol i'r drws cefn yn y fan yna, a dwy stafell fach i'r ochor. Honna oedd y brif stafell fyw a fan yna oeddan nhw'n coginio ac yn y blaen.

Mae popeth [y dodrefn] fel yr oedd o gan y chwiorydd. Pan ddaethon nhw yma roedd y tŷ yn wag a dipyn o olwg ar y lle. Roedd y ffrwd sy'n llifo o'r cefn wedi cau a llifo drwy'r tŷ, ac wedi pydru'r llawr. Mi gafodd y merched help gan Clough Williams-Ellis yn 1939 i adnewyddu'r tŷ – fo ddaeth â'r colofna' pren a'r nenfwd, a fo ddaeth â'r llechi 'ma, ac yn ôl y sôn o ryw chwarel arbennig yn Nyffryn Nantlle maen nhw wedi dŵad. Llechi to ydyn nhw, ddigon tenau. A fo ddaeth â'r drws 'ma sy tu ôl i mi, o Gastell Madryn.

Wrth grwydro drwy'r tŷ, a mentro i'r ail a'r trydydd llawr, roedd hi'n hawdd anghofio bod y chwiorydd Keating wedi gadael Plas yn Rhiw yn 1981. Mae eu heiddo nhw'n dal yno, yn ddodrefn, llestri, llyfrau, lluniau, dillad a phopeth arall – hyd yn oed yr *aspirin* a'r *quinine* ac ati yn y cwpwrdd moddion. Ar ôl dechrau agor y lle i ymwelwyr, dechreuodd y chwiorydd fyw ar y trydydd llawr a throi gweddill y tŷ, i bob pwrpas, yn amgueddfa. Ond pan gyrhaeddon ni'r llawr uchaf yng nghwmni Mary a Llifon, y garddwr, daeth yn amlwg nad penderfyniad ymarferol yn unig oedd o.

GERALLT   Llifon, mae gofyn, mae'n debyg, dod fel deryn bron i fama uwchben yr ardd i weld ei phatrwm. Mae'r gwrychoedd 'ma mor bwysig … faint sy 'na?

LLIFON   Mae 'na'n agos i filltir. Pren bocs i gyd. Dwi'n 'u torri nhw unwaith y flwyddyn – mae'r bocs 'ma mor ara deg yn tyfu, mae unwaith y flwyddyn yn ddigon. Mae 'na ambell batsh wedi'i golli oherwydd 'i oed, ac rydan ni'n ailblannu ar y funud, a'i dyfu o ein hunain o doriadau.

I roi'r darlun llawn i chi, mae Plas yn Rhiw yn sefyll ryw dri chwarter ffordd i fyny o waelod yr allt serth sy'n codi o fae Porth Neigwl, sydd yn ei dro yn un o faeau bychain ymylol gogledd Bae Ceredigion.

Porth Neigwl a'i gryman melyn o dywod … ble gaech chi sy'n brafiach? Ond yr enw Saesneg ar y 'porth' yma, wrth gwrs, ydi *Hell's Mouth*, a phan mae'r gwyntoedd yn rhuo, a stormydd y gaeaf (neu stormydd unrhyw dymor arall, o ran hynny) yn eu hanterth, mae'r bae yn debycach i safn reibus nac i hafan ddiogel – bryd hynny, mae'r enw Saesneg dipyn nes at y gwir na'r Gymraeg. Wrth geisio cyrraedd yr addewid creulon o loches ynddo, cafodd sawl llong ei dryllio, sawl morwr ei foddi. Ond ar ddiwrnod o haf, a hwnnw'n ddiwrnod heulog braf, does unman mwy godidog na hwn.

A chawson ni mo'n siomi yn yr ardd. Mae hi'n odidog. Roedd Gerallt, Bethan, ac Awen ill tri yn eu seithfed nef – a Twm fel glöyn byw hir-farfog yn sboncio o flodyn i flodyn gyda'i gamera. Prin y daeth gair o enau'r hogyn, heblaw, sawl 'Ew!' ac ambell i 'Dowcs!' Gwyrth, mewn gwyrth o le.

Roedd 'na fiwsig yn gefndir i'n hymweliad ni â'r ardd. Cân barhaus yr adar yn y coed a'r llwyni, y cloc draw ym mharlwr y Plas yn tician-daro bob hyn a hyn, a su cyson y gwenyn oedd yn brysur yn mela yn y blodau o'n hamgylch ni ac yn cario'u beichiau bychain o baill i fyny i'r nyth rhywle dan lechi to'r tŷ … nyth na fyddai fiw i'r un swyddog difa pla fynd ar ei gyfyl.

MARY   Maen nhw yma ers blynyddoedd. Mi fuodd 'na gyfnod pan oeddan ni wedi'u colli nhw, ond maen nhw wedi dod yn ôl rŵan ers ryw dair neu bedair blynedd. Maen nhw'n mynd dan y llechi rywsut, ac mae 'na haid arall yn y talcen. Maen nhw yma ers amser y chwiorydd, ac roeddan nhw wedi sgwennu yn eu hewyllys nad oedd neb i amharu arnyn nhw. 'Run fath hefo'r adar – mae 'na gofnod bod yn rhaid parhau i fwydo'r adar.

LLIFON   Mae'n anodd iawn disgrifio'r ardd 'ma mewn un gair. Gardd o fewn coedwig, dafliad carreg o'r môr. Bron na fasach chi'n 'i galw hi yn ardd fwthyn wedi gordyfu, rywsut. Mae'r cysgod sy ganddon ni fel 'tae o'n caniatáu i bob dim dyfu – allan o bob rheolaeth a dweud y gwir – peth fasach chi'n 'i ddisgwyl i fod yn lwyn wedi troi'n goeden. Ac mae'r gwrychoedd 'ma'n creu ystafelloedd bach sy'n caniatáu i chi fynd o'u hamgylch nhw yn eich amser eich hun.

Twm yn ei elfen

GERALLT   A phan ti'n deud 'i bod hi mor dyfadwy yma, mae gofyn cael llaw dyner a llaw gadarn, siŵr o fod …

LLIFON   Mae hi'n anodd weithia … yn bwysig trio cadw'r balans rhwng chwynnu a pheidio gor-chwynnu – fel cerddwch chi o gwmpas, mi welwch chi dipyn o flodau gwyllt ac mae'r rheiny'n rhan o ethos yr ardd a'r eiddo, mewn ffordd.

GERALLT   A'r lawnt hanner crwn 'ma o flaen y tŷ – hwn, mewn ffordd, ydi'r unig ddarn gwastad o dir sydd yma. Mae hi'n llechweddog, tydi?

LLION   Ydi, hynod. Mae'n rhaid bod yn reit ffit i fod yn garddio yma. Dwi'n cymryd wsnos o wyliau wsnos nesa i baratoi fy hun at ddechra torri'r gwrychoedd 'ma'n iawn, a deud y gwir, achos mewn rhai llefydd … wel, tydi o ddim yn hawdd bob tro, yndê, mae hi'n ddigon o sialens. Ond, fel dach chi'n deud, y lawnt 'ma ydi'r unig ddarn hollol wastad yma.

AWEN   Mae'n neis gweld petha fel y dail melfed, yr *Abutilon*, yn tyfu dan y bondo. Dwi wedi arfer

'i werthu o, ond dwi erioed wedi'i weld o'n tyfu mor dda â hyn.

GERALLT   Pam tybed, Llifon, 'i fod o'n gwneud cystal â hyn? Mi fasat ti'n meddwl, hefo blodyn mawr coch fel'na, y bydda fo'n mynnu cael tyfu yn llygad yr haul …

LLIFON   Mae o wrth 'i fodd yma, tydi? 'Dan ni byth yn cael barrug yma, ac mae hynny'n rhoi hwb go iawn iddo fo. Ond tydi o ddim yn cael llawer iawn o haul, sydd yn beth reit ryfedd. I ddangos pa mor dda maen nhw'n gwneud, ryw bump oed ydi honna. Rydan ni wedi'i thocio hi'n reit galed ddechra'r gwanwyn 'ma, ac ma' hi wedi ymateb yn ffantastig. Mae 'na bedwar planhigyn yn y fan yna. Dwi'n gorfod 'u dyfrio nhw, wrth gwrs, ac maen nhw'n cael bwyd tomato unwaith yr wythnos.

BETHAN   Mae 'na berlysiau yn tyfu yn y fan hyn o flaen y tŷ. Llecyn delfrydol iddyn nhw yn llygad yr haul. Mae ganddon ni *Digitalis*, bysedd y cŵn, yn y fan yma, a mantell Fair, *Alchemilla vulgaris*, y dail mawr 'ma â'r pennau melyn. Hwn, wrth gwrs, oedd yn cael 'i ddefnyddio ers talwm gan yr hen bobol i'w roi yn y gwlâu, rhwng y cynfasau, i gadw chwain o'r gwely. Felly roedd o'n blanhigyn pwysig iawn – a hefyd, wrth gwrs, yn cael 'i ddefnyddio ar gyfer gwewyr esgor, ac yn gynt mewn beichiogrwydd ar gyfer erthyliad. Wedyn, mae ganddon ni'r rhosmari, sy'n lecio'i le yn iawn yn y fan yma. Y gryw wedyn yn y fan acw, a bonat Nain, *Aquilegia*. Mae troed y gloman yn enw arall arno fo. Yr hyn sy'n hyfryd hefo'r blodau, a'r perlysiau yn arbennig, ydi eu bod nhw'n ddelfrydol ar gyfer denu'r gwenyn.

GERALLT   Dwi wrth fy modd dy fod ti wedi rhoi rhwydd hynt i grib y pannwr [*Dipsacus*; *'teasel'*] yn fan hyn, Llifon. Tydi o'n wych, Awen?

AWEN   Ydi, ac mae o'n blanhigyn mor ffurfiol tydi, ac yn drawiadol 'i siâp. Mae o'n wych i fywyd gwyllt: gwenyn, pryfetach, adar pen tymor. Mae o'n fendigedig, ac o sbio o 'nghwmpas rŵan, ma'r trewyn melyn [*Lysimachia vulgaris; 'yellow loosestrife'*] yma hefyd, ac yn hardd iawn er 'i fod o'n tueddu i redeg dros yr ardd os caiff o gyfle. Mae 'na gymaint o blanhigion sy'n llawn neithdar yma. Wedyn mae siapiau gwahanol y dail, rhai dail blewog fel y trilliw ar ddeg pella 'cw, yn cyferbynnu hefo'r rhedynau gloyw 'ma. Maen nhw'n wych. Dwi'n sbio draw at y gwely pella 'cw rŵan – mae o'n union fatha bocs jiwelri, tydi?

LLIFON   Dyna'r union effaith 'dan ni'n trio'i gael – dyna ydi'r syniad hefo'r rhan yma o'r ardd. Y *parterre* oeddan nhw'n galw hwn.

TWM   Un peth sy'n 'y nharo i ydi pa mor gyfoethog ydi'r lle 'ma o ran bywyd gwyllt – yr adar a'r pryfetach ac ati. Oes ganddoch chi ryw bolisi ynglŷn â bywyd gwyllt yma?

LLIFON   Roedd y chwiorydd yn frwd iawn am gadwraeth, a rhan o'u hewyllys nhw pan basion nhw'r lle ymlaen i'r Ymddiriedolaeth oedd bod rhaid rheoli'r ardd ar gyfer bywyd gwyllt – ei bod hi ddim yn doriad oddi wrth y goedwig ond yn blendio mewn hefo hi.

TWM   Mae hynna'n rhyfeddol. Yn yr hen amser, roedd rhywun yn gorfod garddio yn eitha

organig, ac roedd bywyd gwyllt yn rhan o'r fformiwla o sut oedd yr ardd yn gweithio. Wedyn, erbyn canol yr ugeinfed ganrif, roedd cael gafael ar ryw blaleiddiaid a ballu mor hawdd, a llai o arddwyr yn gweithio mewn gerddi. Mi aeth y gerddi 'ma'n llefydd eitha anghydnaws â bywyd gwyllt i raddau helaeth. Ond mae hi'n rhyfedd fel mae'r ffasiwn am erddi sy'n gyfoethog o fywyd gwyllt wedi codi eto yn yr ugain mlynedd dwytha. Rydach chi, wrth gwrs, wedi bod yn cario hynny 'mlaen. Mi ddaru ni, yng ngerddi Plas Tan y Bwlch, Maentwrog, ddechra garddio er budd bywyd gwyllt ryw ugain mlynedd yn ôl, a be oeddan ni'n weld, drwy gyfri a monitro ac adnabod adar a phryfetach ac ati oedd yn defnyddio'r ardd drwy'r flwyddyn, oedd bod adar, ar adegau arbennig o'r flwyddyn – yn enwedig dros y gaeaf – yn dod i mewn i'r gerddi o ardal lawer iawn ehangach. Mae'r blodau ac ati, y cynnyrch sy'n bwydo bywyd gwyllt, yn bwysig – nid jest o fewn ffiniau'r ardd ond dros ardal gyfan. Mae 'na blanhigion egsotig yma sy'n rhoi neithdar a phaill a hadau a ffrwythau ar adegau o'r flwyddyn pan maen nhw'n brin yn y gwyllt, felly maen nhw'n medru cyfoethogi bywyd gwyllt yr ardal yn eithriadol.

Mary yn trafod y tŷ a'r ardd

GERALLT   Mary, mi ddeudodd Llifon wrthan ni am ddod i ben ucha'r cae tu hwnt i'r coed sydd tu ôl i'r tŷ – a 'rargol fawr, dwi wedi fy syfrdanu. Mae 'na berllan yma!

MARY   Oes. Mae hi yma ers rhyw dair blynedd bellach. Cae yn cael 'i bori oedd o cynt …

GERALLT   Wel, cyn sôn am be sy 'ma, dwi am edrych draw dros Borth Neigwl, a'r glas rhyfeddol 'na. Edrych wedyn dros Drwyn Cilan, ac mae rhywun yn gweld Bae Tremadog. Mae hi'n syfrdanol yma!

MARY   Petasa hi'n glir, mi fasan ni'n gweld Cader Idris ac i lawr am ochra' Aberystwyth ffor'na. Ond mae hi dipyn bach yn dawchlyd heddiw.

GERALLT   Tes gwres, yndê. Ac mi welwch chi gastell Harlech, mae'n debyg. A'r berllan 'ma, Llifon – ar ôl dwy neu dair blynedd mae hi'n amlwg bod y coed 'ma'n mynd i ffynnu.

LLIFON   Maen nhw wrth 'u bodda' yma. Y rhesi gwaelod … roedd y rheiny ryw bedair neu bump oed pan gafon ni nhw. A'r rhai ucha 'ma, *whips*, fel maen nhw'n deud, oedd y rhain – blwyddyn neu ddwy oed oeddan nhw. Ond fel dach chi'n gweld, mae'r tyfiant arnyn nhw'n anhygoel. Hefo'r coed 'ma o'n cwmpas ni, mae'r cae 'ma fel 'tae o wedi'i gynllunio ar gyfer perllan.

Yr hanner gwaelod fydd ein rhan fasnachol ni o'r berllan. Rydan ni'n gobeithio yn y dyfodol y gallwn ni greu sudd, a seidr ella, a gwerthu'r 'fala yn gynnyrch ffres. Yr hanner ucha 'ma ydi'n casgliad ni mewn ffordd: un o bob dim, neu weithia' dwy o ambell beth. Cant tri deg pedwar o goed, tri deg tri o wahanol fathau. Mae'r cae ryw ddwy acer o faint, ac rydan ni wedi gadael digon o le i bob un, fel roedd yr hen berllannau'n cael 'u plannu … yn wahanol i'r perllannau masnachol heddiw. Mae 'na goed eirin Dinbych yma, ac erinen ddu Abergwyngregyn. A fan hyn, tipyn bach o ellyg – Brenhines yr Wyddfa ydi un ohonyn nhw. Wedyn 'dan ni'n mynd i lawr at y 'fala, megis afal Enlli, wrth gwrs, rhaid i ni gael dipyn o'r rheiny ac Ynys Enlli mor agos. A trwyn mochyn, pig y golomen, pig y deryn … yr hen ffrwytha i gyd. Mi fydd o'n gasgliad cenedlaethol o'r hen fathau Cymreig yn y dyfodol.

Recordio yn y berllan newydd

50

Paula Roberts

Dros y blynyddoedd, dwi wedi cael cyfleoedd i deithio'r byd ar brosiectau ymchwil. Un o'r rheini ddaeth â mi i gysylltiad â *Galwad Cynnar* yn y lle cyntaf. Roeddwn newydd ddod adre o waith maes yn Antarctica yn 2006 ac roedd trafodaeth am newid hinsawdd wedi ei threfnu ar amserlen y rhaglen, a dyna beth oedd sail y gwahoddiad. Doedd gen i fawr o brofiad o siarad ar y radio ar y pryd, ac ro'n i braidd yn nerfus, os dwi'n cofio yn iawn. Roedd presenoldeb yr Athro Geraint Vaughan yn yr un sgwrs yn codi ychydig fraw hefyd – mae o lawer mwy cyfarwydd â'r wyddoniaeth atmosfferig sy'n gysylltiedig â newid hinsawdd na fi. Edrych ar sgileffeithiau newid hinsawdd oedd sylfaen fy mhrosiect ymchwil i.

Daeth y gwahoddiadau i ymuno â'r criw nawr ac yn y man wedyn, ond ddim yn rheolaidd tan y blynyddoedd mwya' diweddar 'ma, pan fydda i'n cael gwahoddiad rheolaidd.

Mae o wastad yn syndod i mi gymaint o wybodaeth a gweithgarwch sydd yna ymysg criw cymharol fach o banelwyr. Does dim un rhaglen wedi mynd heibio lle nad ydw i wedi cael fy sbarduno i ddilyn rhywbeth i fyny ar y we neu mewn llyfr ar ôl mynd adre.

Un rhaglen sy'n aros yn y cof: Dei Tomos oedd yn cyflwyno a dim ond fi oedd yn y stiwdio ym Mangor – roedd pawb arall yn ymuno â'r drafodaeth o lefydd eraill ar draws Cymru. Roedd hynny'n anghyffredin i mi, gan fod cael un o'r panelwyr yn ymuno felly yn arferol, ond nid pawb ar wasgar. Beth bynnag, dyma gerdded i mewn i'r stiwdio ac roedd sedd arferol y cyflwynydd yn wag, a Dei yn eistedd mewn sedd arall. 'Eistedda yn fan'na' oedd cyfarwyddyd Gwenan, y cynhyrchydd, felly dyna wnes i. "Dan ni'n cael chydig o broblemau technegol,' meddai wedyn. Doeddwn i ddim callach – dwi'n deall dipyn am beirannau mesur cemegau ond 'sgin i ddim clem am offer darlledu! Dyma'r darnau papur yn dechrau dod i mewn ac ar draws y ddesg, pobol yn dod i mewn ac allan o'r stiwdio, ond roedd Dei yn hen law ar y darlledu ac yn darllen a chyflwyno'r negeseuon fel bod dim o'i le. Fyddai'r gwrandawyr ddim wedi sylwi bod rhywbeth go sylweddol wedi mynd o'i le yn y stiwdio.

Yn fwy diweddar, ro'n i'n gwrando adref, a dyma un o'r panelwyr yn sôn am ddigwyddiad yn Fferm Prifysgol Bangor, gan ddisgrifio pwrpas un o'n teclynnau ymchwil ni yn anghywir (y defaid trydan oedd y rhain). Roedd yn rhaid i mi, wedyn, fynd ag un ohonynt i mewn efo fi y tro nesa y deuai'r gwahoddiad. Cawsom dipyn o hwyl efo'r ddafad drydan, a phawb yn ceisio dyfalu sut a lle roedd y cyswllt trydan yn plygio i mewn a ballu! Mae'r lluniau hynny yn oriel y rhaglen ar y we.

Y ddafad drydan!

Ynys Sgomer
Gwanwyn 2006

'Mae hi fel bod ar saffari yng Ngorllewin Cymru.'
Geraint George

A r ôl ymweld ag Ynys Sgomer ar gyfer un o'i ysgrifau rheolaidd yn *The Guardian* (*Country Diary*, Gorffennaf 1961) disgrifiodd William Condry, un o'r cewri ymhlith ein naturiaethwyr, hi yn 'ynys y mae dyn, er iddo wneud peth defnydd ohoni dros y blynyddoedd, wedi'i dychwelyd i fyd natur.'

Bwrdd gwastad, mwy neu lai, o bridd dwfn ydi'r ynys, yn sefyll ar sylfaen o greigiau folcanaidd o'r cyfnod Silwraidd, ryw 440 miliwn o flynyddoedd yn ôl. Ac mae presenoldeb lafa clustog yn y creigiau yn awgrymu mai canlyniad digwyddiad folcanig tanfor, tua 85 miliwn o flynyddoedd cyn y presennol, yw Sgomer. Mae'n debyg bod yr ynys wedi ei gwahanu o dir mawr Penfro pan gododd lefel y môr ar ddiwedd yr oes iâ fawr ddiwethaf. Mae tystiolaeth archeolegol fod dyn wedi dechrau byw ac amaethu ar yr ynys ryw 5,000 o flynyddoedd yn ôl, a pharhaodd amaeth ar yr ynys yn ysbeidiol tan yn agos i ddiwedd yr ugeinfed ganrif.

Yn y gwanwyn, a thrwy rannau o'r haf a'r hydref, mae Sgomer yn gwegian o dan bwysau'r bywyd gwyllt sydd yn byw, yn magu, yn hela, ac yn gorffwys arni. Bryd hynny,

mae'r ynys yn gartref i ryw 22,000 o balod, 20,000 o wylogion, 128,000 o adar drycin Manaw a thua 5,000 o lursod; 4–5 pâr o frain coesgoch, dros gant o wylanod cefnddu mwyaf (roedd yno dros 300 pâr pan oedd Condry yn ysgrifennu), a bron i 7,000 o wylanod cefnddu lleiaf. Nid adar y môr yn unig sydd yma chwaith. Roedd y rhestr o'r holl rywogaethau o adar sydd wedi cael eu nodi ar yr ynys – gan gynnwys y rhai sy'n byw yn barhaol arni, y rhai sy'n nythu yno'n dymhorol a'r adar prin sy'n ymweld am gyfnodau byr (awr neu ddwy mewn ambell achos) – yn 285 rhywogaeth erbyn dechrau 2017. Dechreuwyd cofnodi gwyfynod yn achlysurol ar yr ynys yn 1923, ac aethpwyd ati i wneud y gwaith hwnnw yn rheolaidd o ddechrau'r saithdegau. Erbyn diwedd 2016 roedd 400 o wahanol rywogaethau (micro a macro) wedi cael eu nodi. Wedyn dyna i chi'r fotaneg – mae'r carpedi tymhorol o glustog Fair ('*thrift*'), clychau'r gog, a'r gludlys arfor ('*sea campion*') yn nodwedd o bron bob tirlun welwch chi o Sgomer. A mamaliaid y môr hwythau – mae llamhidyddion a dolffiniaid i'w gweld yn rheolaidd o amgylch yr ynys, ac er nad oes cymaint o forloi yno ag sydd ar Ynys Dewi, mae

Ynys Sgomer o'r awyr

poblogaeth yno drwy gydol y flwyddyn, gyda chymaint â 200 o loi yn cael eu geni ambell hydref. Y mamaliaid amlycaf ar y tir yw cwningod, rhai cyffredin a rhai duon. Dyn aeth â nhw yno yn y bedwaredd ganrif ar ddeg, wrth gwrs, ac maen nhw wedi ffynnu yno – a hynny ar waethaf y rhedyn (mae ei flagur yn wenwynig i gwningod) sy'n gorchuddio rhannau o'r ynys o'r haf i gyrion y gaeaf. Ond mae un mamal daearol arall ar yr ynys hefyd, ac mae hwnnw wrth ei fodd yn bwyta rhedyn.

Does 'na ddim llawer o ynysoedd o amgylch arfordir gwledydd Prydain all hawlio'u rhywogaeth eu hunain o lygod pengrwn. Er ei bod o'r un gwehelyth â'r llygoden bengron goch sy'n gyffredin ar y tir mawr, dim ond ar Ynys Sgomer mae *Clethrionomys glareolus skomerensis*, llygoden bengron Sgomer, i'w chael. Mae 'na boblogaethau o lygod pengrwn eraill sy'n unigryw i Ynysoedd Erch (Orkney) a Guernsey, ond maen nhw yn wahanol, ac o darddiad gwahanol, i rywogaeth Sgomer. Amcangyfrifir bod rhywle rhwng 17,000 a 25,000 o lygod pengrwn Sgomer ar yr ynys, er mai go brin y gwelwch chi nhw. Ac er nad oes mamaliaid cigysol (heblaw ambell naturiaethwr newynog, efallai) ar dir Sgomer, mae'r rhain yn gynhaliaeth bwysig i'r tylluanod sy'n nythu yno yn ogystal â bod yn saig fach gyfleus i'r bwncathod lleol ac i ambell aderyn ysglyfaethus arall sy'n digwydd taro heibio. Tydi bod yn llygoden bengron unigryw ddim yn fêl i gyd, ysywaeth.

Yn goron ar hyn i gyd, wrth gwrs, mae'r môr o amgylch Sgomer a'i chwaer fach, Ynys Sgogwm, yn rhan o Warchodfa Natur Forol Sgomer, yr unig warchodfa o'i math ar arfordir Cymru.

Doedd ryfedd felly, nag oedd, hefo'r rhyfeddodau hyn i'n denu ni, fod rhai o griw *Galwad Cynnar* wedi herio peryglon y swnt twyllodrus rhyngddi hi a Martin's Haven ar Benrhyn Marloes ym Mhenfro, i ymweld ag Ynys Sgomer tua diwedd gwanwyn 2006 – cyn i'r palod a'r adar môr eraill orffen nythu a'i heglu hi yn ôl allan i ddiogelwch y weilgi. Pererindod o fath oedd hon, nid fel y rhai gaed i Enlli ers talwm, efallai, ond, i naturiaethwyr syml, tydi hyd yn oed Rhufain bell yn ddim o'i chymharu â'r ynys hon.

Gerallt Pennant, oedd yn cyflwyno Dyfrig Jones (o Ymddiriedolaeth Bywyd Gwyllt De a Gorllewin Cymru bryd hynny), Llinos Richards (myfyrwraig ôl-radd, a warden cynorthwyol ar Ynys Sgogwm gyfagos dros yr haf), Kelvin Jones, a Geraint George. Roedd Iolo Williams hefyd wedi bod ar yr ynys, i recordio pwt ymlaen llaw i ni. Roedd sŵn y môr a chlebran y gwylanod yn gyfeiliant cyson yn y cefndir wrth i ni recordio'r rhaglen.

Ynys Sgogwm o Sgomer

GERAINT   Mae arfordir Penfro yn arfordir anhygoel, a dwi'n meddwl ein bod ni ar un o'r perlau o'r ynysoedd i gyd fan hyn – paradwys i'r daearyddwyr a'r daearegwyr. Mae'r creigie yma dipyn bach yn wahanol i'r ynysoedd eraill. Maen nhw'n iau, creigie folcanig yn bennaf, wedi'u ffurfio filiyne o flynyddoedd yn ôl, yn bell i'r de o'r cyhydedd, ac wedi ymlwybro i'r gogledd dros yr oesoedd daearegol. Ond fan hyn a fan draw, mae 'na gerrig meddal gwaddod, a dyna sy'n achosi ambell fae, fel sydd fan hyn yn y lanfa, ac mae 'na ryw wddf bach cul o dir tu ôl i ni, yn ymestyn draw i is-ran o'r ynys ac yn ymuno gyda'r brif ynys fan hyn. Mae'r ynys ei hun ar siâp diemwnt, bron, ryw dri chilomedr o hyd o'r dwyrain i'r gorllewin, a rhyw ddau gilomedr o'r gogledd i'r de.

GERALLT   Difyr iawn oedd gwrando rŵan, Kelvin, ar sgwrs groeso'r warden, a fynta'n deud bod yr ynys 'ma'n gartref i chwarter miliwn o adar drycin Manaw. Ond wela i 'run ohonyn nhw heddiw!

KELVIN   Maen nhw yn y tylla cwningod 'ma 'dan ni'n weld – y rhai sy ddim allan ar y môr yn bwydo, hynny ydi. Maen nhw'n dodwy un wy, a phan mae hwnnw'n deor, mae'r cyw yn aros dan ddaear fel ryw lwmp o rwbath blewog, tew. Mae o'n colli lot o bwysa yn yr wythnos ddwytha cyn 'i bod hi'n amser iddo fo adael y nyth, wedyn i ffwrdd â fo i ymyl Brazil ffor'na, rwla rhwng chwech a saith mil o filltiroedd, yn syth o'r nyth ac allan i'r môr. Ella na ddaw o ddim yn ôl i'r fan yma am ddwy neu dair blynedd, os mai i'r fan yma y daw o …

GERALLT   Ac mae'r adar 'ma'n defnyddio'r un twll yn flynyddol?

KELVIN   Ydyn, am ryw ddeugain mlynedd, rhai ohonyn nhw.

DYFRIG   Mae Aberdaugleddau a'r datblygiade sydd ar y gweill fan'no, gyda'r nwy a'r olew ac yn y blaen yn dod mewn, mor agos – mae un o'r tanceri mawr wedi'i angori fan acw, yn aros ei thro i fynd i mewn i'r aber. 'Dan ni'n cofio'r probleme fu yn yr ardal 'ma adeg trychineb y *Sea Empress*, a gan ein bod ni yng nghanol gwarchodfa natur genedlaethol – o anghofio am funud am yr ynys – mae'r môr ei hunan mor gyfoethog ... mae e'n gwneud i ti feddwl be alle ddigwydd pe na fydden ni'n ofalus iawn.

GERAINT   Mae 'na ddarnau bach o greigie ar wahân o amgylch Sgomer, ac o edrych draw i'r de tuag

at Ynys Sgogwm, mae e'r un peth yn y fan yna. Ma' fe'n batrwm cyffredin ar yr ynysoedd oddi ar arfordir Penfro. Wrth gwrs, canlyniad yw hyn o'r frwydr rhwng y môr a'r tir dros filoedd o flynyddoedd, a'r hyn mae'r môr a'r llanw yn 'i wneud ydi manteisio ar unrhyw wendidau: ffawltiau bach yn y creigie, unrhyw greigie cymharol feddal sy'n gorgyffwrdd â rhai caletach, folcanig, i greu'r cilfachau yma, ac yn y pen draw, ogofâu a bwâu. Wedyn mae'r rheiny'n disgyn ac yn creu'r ynysoedd bach 'ma.

GERALLT   Un rhybudd mae pob ymwelydd â'r ynys yn 'i gael, Llinos, ydi i gadw at y llwybrau oherwydd bod daearau'r adar mor frau dan draed. 'Dan ni ddim am wasgu'r un cyw na malu'r un wy. Ond o bopty'r llwybr mae trwch o redyn, ac mae llecynnau o'n cwmpas ni o flodau neidr, neu flodau taranau, yn borffor-goch yn 'i ganol o. Mi faswn i'n dychmygu bod yr un math o dyfiant ar Sgogwm hefyd?

LLINOS   Debyg iawn – ydi, mae'r un math o lystyfiant ar y ddwy ynys.

Y carped godidog o flodau taranau

GERALLT 'Dan ni'n gwybod am yr adar, wrth gwrs, ond pa fath o greaduriaid eraill mae'r tyfiant yma yn 'i gynnal?

LLINOS Yn bennaf, pethe fel ieir bach yr haf. Un o'r swyddi sydd gyda fi ar yr ynys yw cerdded yr un daith bob wythnos a chofnodi pa ieir bach yr haf 'wy'n weld a phryd, wedyn ma' hynna, ar ddiwedd y tymor, yn cael 'i hala at gwmni cofnodi ieir bach yr haf ac yn cael 'i gymharu â chofnodion Sgogwm o'r blynydde cynt … Y rhai y'n ni'n weld bron iawn bob dydd yw'r copor bach [*Lycaena phlaeas*; 'small copper'], sydd yn fach iawn, a'r fantell dramor [*Vanessa cardui*; 'painted lady']. Yr wythnos ddiwetha weles i'r llwydfelyn [*Colias croceus*; 'clouded yellow'] cyntaf – mae hwnna'n un o'r rhai mwyaf y'n ni'n weld ar Sogwm yn ystod yr haf – ac rwy'n siŵr bod yr un rhai i'w gweld yma ar Sgomer hefyd. Ond mae'n debyg bod y gaeaf hir gawson ni, gyda'r gwanwyn yn hwyr yn cyrraedd, ac yn oer a gwlyb, wedi gwneud yr ieir bach yr haf yn hwyr, a'r gwyfynod hefyd. Ond maen nhw'n dechre dod nawr bod y tywydd yn cynhesu.

Holi Llinos Richards

IOLO Be ar y ddaear mae cwningod yn 'i wneud ar Sgomer? Wel, mi gawson nhw'u cyflwyno yn y Canol Oesoedd, pan oedd pobol yn ffarmio'r tir – mae'r hen ffermdy i'w weld hyd yn oed rŵan yng nghanol yr ynys. Mi ddaethon nhw â chwningod ar draws i'r ynys am fod cig cwningen yn gig da, dibynadwy, ac roeddan nhw'n 'i werthu o i'r tir mawr yn ogystal â'i

fwyta o eu hunain. Yn hwyrach ymlaen, roeddan nhw'n gwerthu'r ffwr. Roedd hynny, ar un adeg, yn incwm pwysig iawn i bobol yr ynys. Ond erbyn heddiw mae'r cwningod yn rhedeg yn rhemp – dwi newydd weld un frown a gwyn fan acw, a chwpwl o rai duon. Dwi wedi gweld un wen, mae 'na rai oren hefyd … rhai o bob lliw. Maen nhw'n niferus dros ben yma, ac yn fwyd pwysig iawn hefyd achos mae'r gwylanod mwyaf, yr wylan gefnddu fwyaf, yn bwyta cwningod. Mi welwch chi ambell un yn edrych i lawr i wâl cwningen, yn aros i un ifanc, ddibrofiad daro'i phen allan – ac mae'r wylan yn cael gafael yn 'i gwar hi'n syth. Be maen nhw'n wneud yn aml iawn ydi chwipio'r cwningod tu mewn allan, fel 'u bod nhw'n cael bwyta'r cig heb dwtsiad y ffwr. Mae rhywun yn gweld ffwr cwningen wedi'i sychu ym mhob man ar hyd y llwybrau 'ma – dyna sydd wedi digwydd. Maen nhw'n gwneud yr un peth hefo palod – maen nhw'n llyncu'r rheiny'n gyfan weithia – ac efo adar drycin Manaw. Mi welwch chi olion ambell dderyn drycin Manaw weithia, dim ond y pen a'r adenydd, ella … wel, yr wylan gefnddu fwyaf sydd wedi bod wrthi. Mae 'na bâr o fwncathod yn nythu ar yr ynys, ac uwch 'y mhen i rŵan, dwi'n clywed cigfran – mi neith y rheiny hefyd fwyta cwningod ifanc. Felly, maen nhw'n brae pwysig iawn i bob math o adar yma.

KELVIN Wel, dyma'r agosa 'dan ni'n mynd i ddŵad i weld aderyn drycin Manaw heddiw! Dyma dameidia corff un – mae'n amlwg 'i fod o wedi dod i mewn yn ystod y dyddiau dwytha 'ma cyn iddi dywyllu yn iawn, ac mae'r wylan gefnddu fwyaf wedi'i ddal o a'i fwyta fo.

GERALLT Pan ti'n sôn am dameidia o'r corff, wel, dwy droed fach dila, y coesau, pwt o'r asgwrn cefn a dyna fo. Mae'r gweddill wedi'i larpio …

KELVIN Fel ti'n gweld, mae'r drycin Manaw yn dderyn sydd wedi addasu i fyw ar y môr. Mae'r coesau ym mhen-ôl y corff ac maen nhw – fel hefo lot o'r adar môr 'ma, mae'r deifars 'run fath – yn

56

hollol fflat. Hynny ydi, tydyn nhw ddim yn grwn, 'lly. I ni fel modrwywyr, ma'r modrwyau'n dŵad ar siâp 'c', ac mae hi'n dipyn bach o job i'w cael nhw'r siâp iawn, yn hollol fflat. Peth arall weli di ydi'r hen winedd bach miniog 'ma.

GERALLT Tri ewin …

KELVIN Wedi'u haddasu i ddringo ar y clogwyni maen nhw, a phan wyt ti'n 'u dal nhw i'w modrwyo, ma' dy ddwylo 'di'r bore wedyn yn waed i gyd, wedi cael 'u sgratsio gan rhain.

GERALLT Mae siâp y goes 'na 'run siâp bron â llafn propelor hofrennydd.

KELVIN Dyna chdi – mae o'n hollol wastad, wedi'i wneud i dorri drwy'r dŵr fel cyllell.

GERALLT Fuon ni'n sôn dro yn ôl ar *Galwad Cynnar* am yr aderyn drycin Manaw hynafol iawn sydd wedi cael 'i gofnodi ar Ynys Enlli. Pa mor hen fywiodd hwnnw?

KELVIN Wel, roedd o'n tynnu am 'i hanner cant y tro dwytha y cafodd o'i ddal, ac maen nhw'n gwbod hynny am 'u bod nhw wedi newid 'i fodrwya fo dair gwaith am fod yr *engraving* arnyn nhw'n dechra gwisgo. Bosib bod 'na rai hŷn na fo yno, ond mae 'na waith dal arnyn nhw! I unrhyw un sy'n dŵad i fan hyn, neu i Sgogwm, ac yn eistedd allan gyda'r nos i wrando ar yr adar yn dod i mewn, mae 'na rwbath reit hudol amdano fo, yndê …

GERALLT Faint o'r gloch fyddai raid i ni fod yma i glywed hynny?

KELVIN Ddôn nhw ddim i mewn nes y bydd hi yn hollol dywyll fel arfer – beryg bod hwn sydd ganddon ni fan yma wedi mentro i mewn yn rhy gynnar.

GERALLT Pryd fydd rhain yn gadael, i fynd allan yn ôl i'r môr i hela rhagor o fwyd?

KELVIN Mi fydd rhain yn aros, falla, dan ddaear yn y twll dros nos, a mynd allan yn y bore cynta. Neu weithia, os ydi'r iâr ar wy, mi ddaw'r

Ac fe fydd y sgwrs i'w chlywed ar Radio Cymru …

ceiliog i mewn, ffeirio drosodd, ac mae hi'n mynd allan yn syth. Ar ddiwedd y tymor pan fydd yr oedolion wedi gadael, mae'r cywion i gyd yn hel at 'i gilydd ac wedyn, un gyda'r nos mewn chydig ddyrnodia, maen nhw'n rhuthro am y dŵr. Fel ti wedi'i weld ar raglenni natur, tra mae'r cywion ma'n rhuthro, a ddim yn gallu hedfan yn berffaith, mae'r gwylanod yn cael gwledd am ddim. Ma' siŵr, fel hefo bob dim arall ym myd natur, mai'r rhai gwan mae'r gwylanod yn 'u cael – a dyna sy'n cadw'r aderyn drycin Manaw fel rhywogaeth yn gryf ac iach.

IOLO
Mae llinosiaid reit wrth f'ymyl i. Dyma i chi adar bach hardd. Tydi dyn ddim yn gweld y rhain mor aml ag yr oedd o, ond ar Ynys Sgomer maen nhw'n ffynnu, ynghyd ag adar bach eraill fel y llwydfron – y *whitethroat* – mae hwnnw'n gwneud yn dda iawn yma hefyd. Taswn i yma o ddechra Ebrill i ddechrau Mai, mi faswn i'n clywed y gân … wel, 'run fath ag unrhyw delor, mae o'n tueddu i barablu ryw fymryn, ond cân chydig yn gras sydd ganddo fo. Yn aml iawn, 'dach chi'n clywed yr aderyn ond ddim yn 'i weld o, ond os gwelwch chi o, mi welwch chi'r pen llwyd a'r gwddf golau 'ma, sef y 'llwyd fron'. Mae'r rheina'n niferus iawn yma …

DYFRIG
Wrth edrych allan i'r môr tua'r gorllewin, tua wyth milltir ma's, mae 'na dalp mawr o graig a'i hanner hi yn wyn. Ynys Gwales – *Grassholm* – yw honna, gyda'r huganod, y *gannets*, i gyd arni. Ac os ewch chi ma's yna, wrth i chi gyrraedd yn agosach iddi, ry'ch chi'n 'i harogli hi yn yr awyr. Ma' fe'n eich taro chi'n sydyn, yn dibynnu ar gyfeiriad y gwynt. Dwi ddim yn siŵr o'r ffigyre yn gwmws, ond mae 'na o leia 39,000 o huganod ma's yna – un o'r poblogaethe mwyaf o huganod yn y byd, ac os y'n ni'n sôn am bwysigrwydd Sgomer a Sgogwm o ran niferoedd yr adar sydd yma, yna mae huganod Gwales yr un mor bwysig. Os anghofiwn ni am yr ynysoedd eu hunen, mae bywyd y môr yn ardal arfordir de-orllewin Cymru – yr ynysoedd, yr arfordir, yr afonydd sydd yn llifo iddi – yn cyfrannu yn ei gyfanswm i bwysigrwydd yr ardal.

GERAINT
Os y'n ni'n cerdded i lawr tua'r de o ble wnaethon ni lanio, ry'n ni'n dod at un o'r mannau mwyaf poblogaidd ar yr ynys, gydag adarwyr ta beth, sef y Wig, neu *The Wick*. Mae'r enw yn dod yn wreiddiol o'r hen air Llychlynnaidd 'Vik', sy'n golygu cilfor neu fae bychan, sef yr union beth sydd yma. Ac unwaith eto, y frwydr rhwng y môr a'r tir sydd wedi achosi hyn. Dychmygwch yr ardal o'n blaenau ni ble mae'r môr yn dod i mewn a'r holl adar yn nythu – ar un adeg, craig fyddai yna, ond craig fwy meddal na'r creigie bob ochr. Mae honno wedi cael ei naddu i ffwrdd, wedi cael ei cholli, ac wedi ffurfio'r cynefin arbennig hwn ar gyfer y llu o adar sydd yma nawr – mae hi fel bod ar saffari yng ngorllewin Cymru!

GERALLT
Ro'n i yn dy weld di'n brasgamu, Kelvin, hefo dy delesgop dan dy gesail a dy dreipod ar dy ysgwydd, ac i'r fan yma doist ti, y Wig – a does 'na ddim rhyfedd, nagoes, fod cymaint o bobol yma. I gychwyn, mae'r palod yma … waeth i ti ddeud 'u bod nhw'n cerdded heibio blaen dy droed di dim.

KELVIN
'Dan ni bron â baglu drostyn nhw yn y fan hyn,

Cyflwyno pawb ar ddechrau'r rhaglen

tydan? Sbia hwn, chwe throedfedd oddi wrthan ni, yn dangos 'i hun. Maen nhw'n wych!

GERALLT A'u gweld nhw'n dŵad i mewn hefyd, hefo llond 'u pigau o fwyd, a'r sliwod 'ma'n loyw arian yn 'u pigau nhw …

KELVIN Ond sut maen nhw'n medru dal cymaint yn y pig 'na, dyna dwi isio wybod, heb golli'r cyntaf.

GERALLT Y rhybudd 'dan ni'n 'i gael, wrth gwrs, os gwelwn ni un yn oedi hefo llond 'i big o fwyd, ydi y dylian ni symud i'r dde neu'r chwith achos mae o ar 'i ffordd yn syth i'w ddaear …

KELVIN Mae hwnna wedi'i g'leuo hi heibio i ni ac i mewn i'r twll fan hyn, yn do?

GERALLT Hawdd iawn ydi i ni wirioni ar y pâl a'r aderyn drycin Manaw ac anghofio am y gwylanod, ond mae 'na boblogaeth gref o wylanod yma hefyd, does?

KELVIN Mae 'na bob math o betha yma. Pan ti'n sbio ar y clogwyni 'ma yn fan yma, maen nhw'n wyn hefo baw adar, ond os wyt ti'n sbio drwy'r telesgop, mi weli di mai nythod bach ydi'r rhan fwyaf o'r gwyn 'ma, wedi'u gludo gan yr wylan goesddu, y *kittiwake*, i'r graig. Mae gen ti'r llurs, y mulfran a drycin y graig yma, ac maen nhw i gyd ar yr hen glogwyn mawr fanna. Mae wyau'r llurs ryw siâp eliptig, ac os ydi rwbath yn taro yn 'u herbyn nhw ar y silffoedd bach noeth 'na o graig, lle maen nhw'n cael 'u dodwy, maen nhw'n troi yn 'u hunfan mewn cylch bach yn lle'u bod nhw'n syrthio oddi ar y graig.

IOLO Be sy fan acw? Iâr hebog tramor – *peregrine*. Mi wna i guddio yn y fan hyn … Mae'r hebog tramor yn nythu yma, yn ogystal â'r frân goesgoch, a braf ydi gweld yr iâr. Ddim yn aml mae rhywun yn gweld yr iâr yn ista fel hyn. Mae'n amlwg 'i bod hi'n bwyta rwbath – mae hi'n reit bell i ffwrdd, felly dwi ddim yn aflonyddu arni hi. Dyma be sydd mor braf am

Roedd hwn ar ei ffordd i'r nyth

Ynys Sgomer – yn ogystal â'r llamhidyddion, y dolffiniaid, y morfilod mae rhywun yn 'u gweld yn y môr; y pethau o dan y dŵr, y morloi, yr adar môr i gyd; tydi rhywun byth yn gwybod be mae o'n mynd i'w weld nesa. Adar mudol, adar bach, adar mawr … Dwi wrth fy modd yma, bois bach! Job warden am ryw bedwar mis, rhwng dechra Ebrill a diwedd yr haf … mi faswn i wrth 'y modd … cyn belled â 'mod i'n gallu dengid i wneud *Galwad Cynnar*, wrth gwrs!

The cliff at The Wick is a sight which cannot possible be surpassed in the British Islands for there is not an inch of foothold but it is occupied by a seabird of some sort …The situation of Skomer is delightful … I only wish the island belonged to some person who took an interest in natural history, and would prevent the destruction of the birds and seals.

J. J. Neale
darlith i Gymdeithas Naturiaethwyr Caerdydd
6 Mai 1897

Yn 1905, prynodd J. J. Neale, gŵr busnes o Gaerdydd, brydles Ynys Sgomer er mwyn gwarchod y bywyd gwyllt oedd arni. Yn 1909, gwaharddodd unrhyw un rhag glanio ar yr ynys, rhag aflonyddu ar yr adar. Darfu'r brydles yn 1915. Bu farw J. J. Neale yn 1919. Dwi'n nodi hyn rhag ofn fod rhywun yn meddwl mai rhywbeth newydd ydi cadwraeth!

Glaswelltiroedd

Gorffennaf 2013

'Petha sâl ar y naw ydan ni, 'de, am weld a gwerthfawrogi y cyfoeth dan ein traed … a taswn i'n gofyn i chi be 'di'r cynefin mwya a mwya amrywiol sydd gynnon ni yma yng Nghymru, tybed be fysach chi'n ddeud? Coedwigoedd? Mynydd-dir? Traethau a thwyni? Wel, nage – a dyma fo'r ateb i chi: glaswelltiroedd. Mae ganddon ni bedair gwaith mwy o laswelltir nag oes ganddon ni o goedwigoedd. Ydi, mae hi'n ffaith syfrdanol, a'r gwir ydi 'i fod o'n gynefin mor gyffredin fel ein bod ni prin yn sylwi arno fo. A'r gwir amdani hefyd ydi na tydan ni ddim yn 'i weld o na'i werthfawrogi o – ac yn dristach na hynny, 'dan ni'n prysur golli'r cynefin yma …'

Dyna ran o gyflwyniad Gerallt Pennant i'r gyntaf o ddwy raglen arbennig o *Galwad Cynnar*, a ddarlledwyd ar y 13eg a'r 20fed o Orffennaf 2013. Rhaglenni oedd yn canolbwyntio, nid yn gymaint ar y lleoliad, ond ar laswelltiroedd a ffriddoedd. Roeddwn i'n awyddus i roi sylw i laswelltiroedd, ac i ffriddoedd yn arbennig,

oherwydd eu bod nhw'n ffurfio adnodd a chynefin pwysig – un sy'n prysur ddiflannu.

Mae'r ddau safle ddewisiais i yn dra gwahanol i'w gilydd: y naill ar dir cleiog a sur, a'r llall ar yr haen o galchfaen sy'n ymddangos yma ac acw trwy ogledd Cymru, o Fôn hyd at y Gororau. Go wahanol ydi'r defnydd dynol wneir o'r ddau hefyd – fferm ddefaid fechan gyda rhywfaint o olion ac adfeilion diwydiant mwyngloddio o'r bedwaredd ganrif ar bymtheg arni yw un, tra mae'r llall yn edrych, i'r llygad anghyfarwydd, i bob pwrpas fel clwt o dir segur neu ddarn o gomin ynghanol dinas fechan, flêr. Ond peidiwch â chael eich twyllo, mae'r naill safle fel y llall yn drwch o drysorau i naturiaethwr. A chan fod cymaint i'w ddweud amdanynt, aeth un rhaglen yn ddwy.

Ffriddoedd, corsydd, a dolydd Rhiw Goch

Rhiw Goch - amrywiaeth fawr o gynefinoedd ar fferm fechan

Rhiw Goch

Cafodd y rhaglen gyntaf, ynghyd â rhan o'r ail, ei recordio ar fferm Rhiw Goch ger Penrhyndeudraeth. Ac am unwaith, doedd dim rhaid i mi, y cynhyrchydd, fynd i wneud 'reci' (sef cymryd golwg fanwl ar y safle ymlaen llaw) cyn y recordiad, gan fod ffriddoedd y fferm fechan hon yn gyfarwydd iawn i mi o ddyddiau 'mhlentyndod. Mae gen i gof da iawn o'r cyfoeth o fywyd gwyllt oedd yno ym mhumdegau'r ganrif ddiwethaf, pan oedd y fferm yn nwylo Dafydd Jones a dreuliodd flynyddoedd mawr yno yn byw a gweithio i rhythmau'r tymhorau, hwyliau'r tywydd a natur ei gynefin. Yn ei oes o, roedd y lle'n ferw o fywyd gwyllt – a hynny mewn niferoedd fyddai'n ddigon i godi cenfigen ar reolwr unrhyw warchodfa heddiw, ysywaeth. Roedd o'n baradwys i ni blant. A' i ddim i ddechrau rhestru rhywogaethau neu ddo' i byth i ben, a go brin bod fy mhrofiad i fawr gwahanol i brofiad unrhyw blentyn arall gâi grwydro dolydd a ffriddoedd Cymru fel y mynnai yn yr oes ddiniwed honno. Roedd myrdd o adar, mamaliaid, ymlusgiaid, gloÿnnod b… Na, dwi'n dechrau rhestru rŵan. Ond oedd, roedd y lle'n ferw o beth mwdrel o fywyd gwyllt i ryfeddu llygaid ieuanc chwilfrydig. Ac yn eu tymor, roedd lliwiau blodau'r gwahanol weiriach yn gefndir i'r cyfan, a chorws grwndi'r sioncod gwair yn codi o'u canol nhw i gyfarch pob llygedyn o heulwen. Lle felly oedd pob ffridd a dôl. Lle felly oedd Rhiw Goch.

Cof plentyn, efallai, yw hwn, ond mae'n gof byw. A dwi'n cofio'r dirywiad hefyd, ar ôl i 'rhen Dafydd fynd i'w aped. Perchennog newydd yn cyrraedd gyda meddylfryd gwahanol – un diofal a di-feind. Dyma gyfnod y gor-bori, y cemegau mewn bagiau, y chwalu a'r malu a'r amharch llwyr tuag at natur a bywyd gwyllt. Ymhen dim, doedd yno ddim byd ond porfa lom, dlawd a di-fywyd. Rhain oedd y blynyddoedd distaw, pan nad oedd yr un aderyn, heblaw pioden neu ddwy ac ambell frân go unig ei golwg, ar gyfyl y lle; na'r un gwyfyn na glöyn na phryfetyn o unrhyw fath chwaith. Does gen i ddim cof i mi weld torogen, hyd yn oed, yno yn y cyfnod hwnnw. Ond byr fu arhosiad y dyn didaro, ac fe ddaeth tro arall ar fyd ryw ugain mlynedd yn ôl. Newidiodd y fferm ddwylo unwaith eto, a bu newid meddylfryd hefyd. Roedd llai o bori, a rhoddwyd y gorau i arllwys cemegau bondigrybwyll ar y tir a'r stoc. Dros y blynyddoedd, dwi wedi gweld y bywyd yn dychwelyd yno yn raddol. Fydd hi byth cystal, wrth gwrs, fedr hi ddim bod – roedd hi wedi cymryd canrifoedd maith i ddatblygu o'r blaen, a beth yw ugain mlynedd mewn cymhariaeth i hynny? Ond erbyn heddiw, mae hwn yn gynefin tipyn tebycach i'r hyn oedd o yn oes Dafydd Jones, a chorws y sioncod gwair sy'n rhoi llais i liwiau'r gweiriach unwaith eto yn gystal prawf â dim o hynny.

Iolo Williams oedd yn arwain y sgwrs ar fferm Rhiw Goch, yng nghwmni Duncan Brown, Rhys Owen, Twm Elias, a'r diweddar Tom Jones (Golan).

TOM   Ma' hi wedi altro'n ofnadwy yma o pan ddois i yma gynta ryw ugain mlynadd yn ôl. Roedd hi dipyn yn wyllt yma bryd hynny, dipyn yn flêr.

Amrywiaeth o blanhigion ar laswelltir garw

IOLO   Yr enw Cymraeg ar ryw fryncyn hefo rhedyn, chydig o goed a chydig o eithin, ydi ffridd, yndê. Cynefin adar sy'n prinhau'n aruthrol: llinosiaid, bras melyn, corhedydd y coed, y troellwr mawr – roedd hwnnw ers talwm i'w weld mewn ardaloedd fel hyn.

DUNCAN   Mae hwnnw'n dechra dod yn 'i ôl dipyn bach, ond mae 'na lot o adnoddau'n mynd i mewn i drio'i hybu fo, yn does? Mae'r petha sy'n cynyddu, y barcud coch a phetha felly ... mae pobol yn meddwl, 'O, mae 'na fwy ohonyn nhw rwan'. Y petha 'secsi' sy'n cynyddu achos 'u bod nhw'n cael lot o adnoddau. Ond y petha cudd – rheiny sy'n mynd i lawr ...

IOLO   Y petha brown, di-sylw yn aml iawn – ac maen nhw i gyd yn bwysig yn y pen draw, tydyn, yn rhan o'r gadwyn fywyd.

Rhedyn

TOM   Hefo be oeddach chi'n molchi cyn dŵad yma heddiw? Sebon, 'de. Wel, roedd rhedyn fel hwn yn cael 'i dorri ar lethrau ger Conwy, ffor'na, ac yn cael 'i gario lawr i'r llongau yn Nhrefriw i fynd ymlaen i Lerpwl i gael 'i wneud yn sebon. Ac mae'n bosib bod yr un peth yn digwydd mewn llefydd eraill hefyd.

DUNCAN   Oedd, mi oedd o. Dwi'n ddyledus iawn i gyfaill i mi, Rolant Williams o Laneilian, sydd wedi dangos odynau llosgi rhedyn i mi ar hyd arfordir dwyrain Môn. Yn ddiweddarach, drwy Rhys Gwynn, dwi wedi dod ar draws odynau rhedyn yn Llanfachreth.

IOLO   Doeddan nhw ddim yn 'i ddefnyddio fo i gael potasiwm neu rwbath felly ... 'i losgi o, a hwnnw'n cael 'i roi ar y tir?

TWM   Mi oedd o'n rhan o'r broses o wneud sebon, ond mae o'n gyfoethog iawn mewn *phosphates* a phetha felly hefyd, sydd yn dda iawn fel gwrtaith i'w roi ar y tir i datws a phob dim, 'de. Mae tail o redyn yn eithriadol o gyfoethog ac yn dda iawn, iawn ... yn hytrach na thail o wellt neu rwbath fel'na.

DUNCAN   Mae hynny'n rhan fechan o hanes Cymru sy ddim wedi cael 'i wyntyllu a'i sgwennu yn iawn eto, dwi'n meddwl.

TOM   Hefyd, mae pobol y gerddi wedi bod yn trio cael y ffermwyr i hel y rhedyn maen nhw'n 'i dorri a'i gadw fo mewn teisi i bydru lawr i wneud compost, am 'i fod o mor werthfawr fel gwrtaith.

RHYS   Mae lot o hyn wedi mynd allan ohoni oherwydd y dychryn ynglŷn â'r effaith y gall o'i gael ar iechyd rhywun.

IOLO   Am 'i fod o'n un o'r *carcinogens*.

DUNCAN   Mae'r Siapaneaid yn bwyta rhedyn – yr un rhedyn ag sydd ganddon ni – mae o'n tyfu ar draws y byd 'tydi? Ond mae lefelau cancr yn uwch [yn Siapan] nag yn unman arall yn y byd.

TWM   Mae hynny'n wir am redyn ffresh, y rhedyn glas, newydd sydd yn tyfu – mae 'na gemegau *carcinogenic* yn hwnnw, ac ambell flwyddyn pan mae hi'n dymor iawn, mae'r sborau 'ma'n dod ... ac mae'r rheiny'n gallu bod yn niweidiol hefyd. Ond nid bob blwyddyn mae hynny'n digwydd, ac unwaith mae o wedi marw a chochi, neu droi'n gompost neu'n wasarn dan draed yr anifeiliaid yn y beudai a 'ballu, mae o'n iawn yn y cyflwr hwnnw.

Mae 'na lot o sôn am storio carbon mewn coed a 'ballu, ond meddyliwch am waendir parhaol 'fatha hwn rŵan: mae'n anhygoel faint o garbon mae hwn yn ei storio yn y pridd gan 'i fod o'n rwbath sy'n tyfu trwy'r flwyddyn, ac yn amrywio mewn uchder a dyfnder gwreiddiau ac ati. Mae pawb yn meddwl mai mawndir ydi'r ateb i bob dim ond, wrth gwrs, hwn ydi yr adnodd ehangaf sydd yng Nghymru. Mae 'na gyfoeth aruthrol dan wyneb y ddaear 'dan ni ddim yn 'i weld, rhwng y gwraidd, y pryfetach sydd oddi tano fo ... yn enwedig y mannau sy ddim yn cael rhyw lawer o ddeunydd cemegol ynddo fo. Mae'r pryfetach a'r chwilod sydd dan y ddaear bron mor bwysig â'r hyn sydd uwch 'i ben o.

Rhys Owen

IOLO   Mi oedd 'na hen, hen system o ddefnyddio porfa am ddwy neu dair blynedd a gadael iddo fo orffwys wedyn, yn doedd, Twm?

TWM   Wrth gwrs, ac mi oedd gen ti bob math o gylchdroi hefyd – gwahanol gnydau ac yn y blaen. Mae porfa barhaol yn medru bod yn gyfoethog iawn, iawn, ond does 'na ddim cymaint o betha yn dod i flodau mewn porfa barhaol, oherwydd er bod y planhigion yno, maen nhw mewn cyflwr llystyfol a tydyn nhw

ddim yn blodeuo. Dim ond pan ti'n tynnu'r anifeiliaid pori oddi yno mae petha'n dod i flodeuo, ac mae rhywun yn gallu creu gweirglodd ac yn y blaen yr adeg hynny, wrth gwrs. Mi oedd rhywun yn gallu gweld, jest i fyny'r lôn yn fan'cw, ar lawntiau'r gerddi ym Mhlas Tan y Bwlch: porfa, porfa, porfa, ac yn sydyn, mi adawyd iddyn nhw fynd un flwyddyn, jest o ran arbrawf, a waw! Roedd y blodau gwylltion yn anhygoel.

RHYS   Be 'dan ni yn wynebu mwy ohono fo yn Eryri rŵan – a dwi'n siwr yr eith o'n waeth problem wrth i amaethwyr fynd yn hŷn, a phan fydd llai ohonyn nhw o gwmpas – ydi y bydd y system o bori ffridd a mynydd yn torri lawr. Wedyn, mi fydd pobol yn cadw defaid i lawr yn hirach cyn 'u gyrru nhw i'r mynydd agored – os byddan nhw'n 'u gyrru nhw i fyny o gwbwl – ac mi fydd 'na bwysau pori lot uwch [ar y ffriddoedd] nag y basach chi wedi'i gael yn hanesyddol neu'n draddodiadol, a than-bori ar y mynydd agored.

Bryncyn y Gwersyll Rhufeinig

Gwersyll Rhufeinig Bangor

Cafodd ail ran yr ail raglen ei recordio ar safle bychan sydd yn dra cyfarwydd i rai o fyfyrwyr colegau Bangor am resymau sydd naill ai'n rhamantus neu'n ysgeler. Mae o gwta ddau funud o dro o ganolfan y BBC, a ryw bump arall o ganol y ddinas. Dim ond saith hecter a hanner ydi o i gyd, ond mae o'n lle difyr iawn i unrhyw naturiaethwr sydd â llygaid i weld a chlust i glywed. Roman Camp ydi'r enw lleol arno, er nad oes tystiolaeth i'r un sandal Rufeinig sathru'r fotaneg ar ei lethrau erioed. Ar ôl dweud hynny, fe fyddai wedi bod yn llecyn delfrydol i Suetonius Paulinus neu Julius Agricola oedi ennyd o'u cyflafanu diwyd a chymryd cipolwg dros y Fenai hardd wrth benderfynu tranc derwyddon Ynys Môn. Efallai y bydden nhw wedi tywallt llai o waed ar eu hymweliad â Mam Cymru wedyn. Ond mae'n bosib bod hanes i'r bryncyn hwn, os o gyfnod mwy diweddar. Cred rhai haneswyr mai hwn oedd safle'r castell mwnt a beili (*motte and bailey*) Normanaidd a godwyd yn yr ardal gan Hugh D'Avranches, Iarll Caer yn y ddeuddegfed ganrif. Erbyn hyn, fodd bynnag, bryncyn bach gwelltog welwch chi yma, wedi'i amgylchynu gan goedlan gynhenid sy'n cynnwys derw, ynn, masarn, bedw, ac ambell enghraifft o un o goed prinnaf yr ardal, cerddinen Menai (*Sorbus arvonensis*, y '*Menai Strait whitebeam*'). Ond doedden ni ddim yno i edmygu'r coed nac i chwilio am olion o'r hen gastell … nac am hen sandalau chwaith, o ran hynny. Roedd ein sylw ni ar yr amrywiaeth o laswellt sydd yno, a rhai o'r planhigion eraill welir yn tyfu trwyddo, ac ar drafod pwysigrwydd cynefin fel hwn i drigolion cefn gwlad dros y canrifoedd, yn ogystal ag fel cynefin hanfodol i fyrdd o greaduriaid gwyllt.

Bethan Wyn Jones oedd yn llywio'r rhan hon o'r rhaglen, yng nghwmni dau arall o selogion *Galwad Cynnar*, sef Kelvin Jones a Hywel Roberts.

BETHAN   Maen nhw'n deud, os ydi gweirglodd neu ddôl yn cael 'i hamaethu'n draddodiadol, y cewch chi hyd at ddeg ar hugain o wahanol weiriau yno, a hyd at gant o wahanol flodau gwyllt.

HYWEL   Yn sicr, mi faswn i'n cytuno hefo hynny. Does ond yn rhaid i ni edrych o'n cwmpas fan hyn, a dan ein traed ni mae 'na gyfoeth. Mae'r amrywiaeth sydd yma yn amlwg i leygwr – does dim rhaid i chi fod yn naturiaethwr o fri hefo llyfr yn eich llaw i weld hynny.

Glaswelltir hydrefol y Gwersyll Rhufeinig

Amrywiaeth gweiriau, amrywiaeth o flodau … hyd yn oed os y'ch chi'n edrych arno fo'n hollol syml: blode melyn, mae gwahanol fathe o'r rheiny yma. Wedyn mae'r holl gadwyn o fywyd gwyllt sy'n dibynnu ar y llystyfiant yma.

KELVIN   O'n blaenau ni yn y fan yma rŵan mae tri gwahanol fath o gacwn – maen nhw'n dibynnu ar hen borfeydd fel hyn. Ac wrth sbio o gwmpas, mae gin ti'r hen glawdd 'ma sydd wedi tyfu'n wyllt. Mae 'na sawl rhywogaeth o adar sy'n byw yma yn dibynnu ar y pryfetach sy'n byw yn y gwair.

HYWEL   Yn fan hyn, mewn cymhariaeth â'r glaswellt 'dan ni'n 'i weld ar y mynydd … mae hi gymaint cynhesach fan hyn, tydi, a falle fod 'na dipyn bach mwy o faeth yma. Mae hynny'n golygu 'i fod o'n tyfu gymaint yn fwy. Rydan ni drws nesa i goedlan, a heb rywfaint o bori fan hyn – neu rywfaint o reolaeth arno fo … falle mai cael ei dorri mae o fan hyn – mi fase fo'n troi yn fwy o goedlan. Mae'n amlwg 'i fod o'n cael ei reoli, ac mae hynny'n bwysig i gynnal gweirie a chae gwair. Dydi o ddim yn rheoli ei hun …

KELVIN   Ond wedyn, Hyw, dwi wedi gweld ambell gae gwair lle nad oes 'na ddim rheolaeth a dim pori, wedi mynd yn hir ac yn drwm ac yn dew, a dim byd yn medru byw ynddo fo am 'i fod o wedi cael 'i adael yn rhy hir. Mae o isio dipyn bach o bori, a'i dorri unwaith y flwyddyn …

HYWEL   Oes, neu mae o'n 'i dagu 'i hun, tydi?

BETHAN   Ma'n siwr gen i mai'r ffordd draddodiadol oedd fod pobol yn lladd gwair unwaith y flwyddyn, tua diwedd mis Mehefin neu ym mis Gorffennaf, yn dibynnu ar y tywydd …

HYWEL   Yn draddodiadol, falle bysen nhw'n torri gwair yn hwyrach yn y flwyddyn na hynny, hyd yn oed. Rydan ni wedi mynd i'r patrwm rŵan o ddisgwyl i wair gael 'i dorri ym Mai a Mehefin, ac os ydi hi wedi mynd yn Orffennaf, mae hi wedi mynd yn hwyr. I lawer o amaethwyr mae o wedi colli'i faeth erbyn hynny. Hynny ydi, yn draddodiadol, mae ffermwyr wedi torri gwair fis Gorffennaf a mis Awst, ond rŵan mae gweiriau'n cael 'u torri yn llawer iawn cynt, a falle fwy nag unwaith mewn blwyddyn. Wedyn tydi'r gwair byth yn cael cyfle i gyrraedd ei aeddfedrwydd, hefo hade ynddo fo, a tydech chi ddim yn gweld y blode'n ffurfio.

BETHAN   Ers talwm, roedd y gwair yn cael 'i hel yn fydylau bychain cyn i bob mwdwl gael ei gario i'r teisi, wedyn mi gafwyd oes y byrnau bach – ac mi roedd o'n waith caled, doedd …

HYWEL   Rywbeth oedd yn bwysig iawn i mi ynglŷn â'r dull hwnnw o gynaeafu oedd 'i fod o yn beth cymdeithasol, nid yn unig i'r ffarm 'i hun, ond i'r gymuned. Roedd pawb yn helpu, yn doedd. Ond ar ôl deud hynny, falle fod mwy o faeth yn y byrnau mawr modern nag oedd 'na yn y byrnau bach.

KELVIN   Ia, ond does 'na'm cystal ogla arno fo, nagoes? Rhaid i ni gofio'r ogla oedd mewn gwair, yn does …

'Dan ni'n edrych ar y gwair yn tonni o'n cwmpas ni yn y fan yma – be sydd ganddon ni ydi pennau wedi blodeuo a'r had wedi ffurfio, ac mae'n bwysig i ni gofio mai blodau ydi gwair, ac oherwydd hynny mae ganddon ni wahanol hadau. Ella mai rhai o'r gweiriau mwyaf cyffredin fyddai rwbath fel y maeswellt cyffredin [*Agrostis capillaris, 'common bent'*], a'r maeswellt penwyn [*Holcus lanatus, 'Yorkshire fog'*] – mae hwn yn un cyffredin iawn hefyd, a'r pennau hefo ryw liw pinc neu goch, bron, arnyn nhw, ac mae o'n un sy'n tonni'n hyfryd iawn yn y gwynt. Mae ganddoch chi beisgwellt y defaid wedyn, a peisgwellt coch, a'r gawnen ddu [*Nardus stricta, 'mat-grass'*]. Mae'n debyg y byddai'r rheina, ynghyd â rhonwellt y ci [*Cynosurus cristatus, 'crested dog's-tail'*] hefyd ymhlith y rhai mwyaf cyffredin.

Bethan Wyn Jones

BETHAN   Ac mewn gwirionedd, y gweiryn oedd yn gyfrifol am hynny oedd perwellt y gwanwyn [*Anthoxanthum odoratum, 'sweet vernal-grass'*]. Hwn ydi'r un hefo'r *coumarin* ynddo fo, a dyna pam, pan mae o'n cael 'i dorri, y mae o yn rhyddhau'r ogla.

Rhostir a ffriddoedd yng nghysgod Moel Hebog

BETHAN   Be 'dan ni'n werthfawrogi, wrth gwrs, ydi fod byd natur yn elwa o'r math yma o gynefin, achos 'dan ni'n cael amrywiaeth o flodau – rwyt ti, Hywel, wedi sôn am y blodau melyn. Mae ganddon ni heboglys yma, a meillion gwyn o dan ein traed. Y pengaled hefyd – mae llyriad yr ais yn enw arall arno fo. A'r blodyn menyn, wrth gwrs; clych yr eos hefyd, a'r briwydd wen. Ac mewn lle fymryn gwlypach, falla bydd petha fel blodyn llefrith, robin racs, o bosib, carpiog y gors, a'r gellesg hefyd, os ydi hi'n wlyb iawn. A'r tegeirianau – mae'r rheiny i gyd yn ychwanegu at yr harddwch yma. Wrth gwrs, mae'r rhain hefyd yn darparu hadau yn eu tro, ac mae'n siŵr gen i fod hynny'n rwbath mae'r adar yn ei groesawu.

KELVIN   Wel yr adar, ia – ond meddylia faint o famaliaid bach sydd yn fan hyn, wedyn mae gen ti rwbath fel y cudull coch ac ati sy'n byw ar y rheiny, a'r tylluanod. Mae o'n waelod i'r gadwyn fwyd i gyd, tydi? Mae pob dim yn dibynnu ar hwn.

BETHAN   Mae'n rhaid i ni beidio anghofio hefyd am betha fel gloÿnnod byw: y glesyn cyffredin, boneddiges y wig, a hefyd rhywbeth ro'n i'n arfer 'i fwynhau yn fawr flynyddoedd yn ôl, sef sŵn hyfryd robin sbonc neu sioncyn y gwair. Mae hwn yn ei dro yn fwyd i rwbath arall, a'r un fath hefo pethau fel gwyfynod ac ati.

Elinor Gwynn

Bydd y bocs du yn aros yn y cof am yn hir. Ei lond o gylchgronau, toriadau papur newydd, nodiadau 'post-it' y cynhyrchydd yn codi ambell gwestiwn neu'n herio, ac ôl meddwl cyfranwyr blaenorol yn gymysg o linellau pinc ffelt-tip, llawysgrifen flêr ac ebychnodau ar dudalennau.

Am flynyddoedd, y ddefod wythnosol i bob adolygydd straeon oedd casglu'r bocs du gorlawn, bob nos Wener, o stiwdio'r BBC ym Mangor. Ar awr ishe-mynd-adre roedd rhaid troi trwyn y car i gyfeiriad gwahanol ac anelu am Fryn Meirion. A'r bocs fel pe bai'n mynd yn drymach ac yn drymach o un flwyddyn i'r llall. Tybed a wnaeth unrhyw un chwynnu'r cynnwys erioed? Erbyn y diwedd, a'r clo yn dechrau gwegian, roedd yr hen focs wedi datblygu i fod yn daflegryn peryglus ; doedd wiw i chi ei ollwng wrth ei halio o'r car ar ddiwedd siwrne neu mi fysai esgyrn bodiau'ch traed wedi chwalu'n shitrws.

Treulio nos Wener wedyn yn darllen a mynd i bob math o gyfeiriadau gwahanol, ond yn y pen draw yn dethol dyrnaid o straeon at y rhaglen fore wedyn. Ambell un swmpus, i bara ychydig o funudau ac efallai i ysgogi trafodaeth ac un neu ddwy sydyn fyddai'n ffitio, pe bai rhaid, i funudau slei olaf y rhaglen, pan fydd Gerallt yn hoelio'i sylw ar y cloc wal gyferbyn a'i law yn dechrau codi'n fygythiol – fel rhyw

fwyell feddal. Yn yr eiliadau olaf hynny does dim byd gwaeth na sylweddoli fod rhywun wedi dechrau ar y stori anghywir – rhy hir, gormod o waith egluro – a chlywed y geiriau yn carlamu allan, fel cybolfa o garnau'n nesáu at linell derfyn ras fawr.

Ac yna codi ben bore ar ddyddiau Sadwrn. Haws o lawer yn yr haf na'r gaeaf ac mae'n dda fod 'na ddewis o ffonau a chlociau yn y tŷ er mwyn gallu gosod llwybr o larymau gwahanol rhwng y llofft a'r gegin ambell benwythnos. Ond waeth faint yw'r ymdrech a'r boen o godi am 5.00 y bore, mae hi bob amser yn braf cyrraedd y stiwdio. Sefyllian yn y swyddfa fawr am sbel yn sgwrsio, gwneud paned a sbecian ar bentwr anferth o bapurau newydd, taclus bore Sadwrn ac yna cael ein cyrchu i'r stiwdio fach dywyll. Gerallt yn gyfforddus yn y gornel, fel pe bai wedi bod yno drwy'r nos, a phawb arall yn ffeindio'u lle yn dwt o gwmpas pen y bwrdd crwn – fel rhyw nythaid o gywion, â'u gwahanol dameidiau papur yn friwsion o'u cwmpas.

Trio plethu'r straeon yn gelfydd, ar ôl gweithio arnyn nhw y noson cynt. Llwyddo weithiau, ond nid bob tro, a theimlo weithiau'r rhwystredigaeth mai dim ond amser am un pwt bach a gafwyd yn ystod rhaglen brysurach nag arfer – ar ôl holl waith y noson cynt, y colli cwsg, a'r codi ar y fath awr annaearol! Buan y mae'r amser yn diflannu, bob tro, a phawb yn chwalu'n sydyn ar ddiwedd y rhaglen i fynd yn ôl at eu gwahanol orchwylion a diddordebau penwythnos. Ond am yr awr honno, yn gynnar fore Sadwrn, mae 'na deimlad braf o fod yn rhan o griw sy'n ymddiddori yn yr un maes, yn cefnogi ei gilydd yn eu gwaith ac yn awyddus i rannu straeon gyda chynulleidfa ehangach, anweledig. Y teimlad hwn sydd efallai'n trosglwyddo i'r gynulleidfa. Mae'n syndod cymaint sy'n gwrando ar y rhaglen – ond o siarad gyda phobl mae'n amlwg mai gwrando rhwng cwsg ac effro y mae llawer o wrandawyr yn ei wneud. Fel y bydda i weithiau, os na fydda i'n cymryd rhan! Mwynhau naws y rhaglen yn fwy na dim efallai, ac mae hynny'n beth braf.

Mae *Galwad Cynnar* wedi bod yn rhan annatod o fywyd dros yr ugain mlynedd ddiwethaf. Mae paratoi at y rhaglen ac at gwestiynau'r gwrandawyr wedi bod yn gymhelliad gwerth chweil i bori'n gyson drwy gasgliad helaeth o lyfrau byd natur, sydd wedi bod mor fendigedig wrth i lwybr gyrfa fy hwylio i gyfeiriadau eraill. Mae'r eitemau 'o'r maes' wedi rhoi cyfle i aros yn llonydd a sylwi o'r newydd ar ryfeddodau byd natur wrth ein traed, a'r rhaglenni byw o'r stiwdio wedi rhoi cyfle i gadw mewn cysylltiad gyda chriw gwych o bobl, i wrando ar hanesion eu hwythnosau ac i werthfawrogi cyfraniad cymaint o bobl at ddiogelu ein hamgylchedd naturiol.

Dwi wedi bod yn hynod o ddiolchgar hefyd am y cyfle i ddarllen ac adolygu llyfrau am fyd natur a'r amgylchedd dros y blynyddoedd; mae 'na gyfoeth o lenyddiaeth o'n cwmpas a hwn, yn bendant, yw un o fy hoff orchwylion fel cyfrannwr.

Gobeithio y bydd *Galwad Cynnar* yn parhau i fodoli a datblygu dros y chwarter canrif nesaf. Mae'r rhaglen eisoes yn un sy'n cael ei gwerthfawrogi; gyda dychymyg, cefnogaeth a buddsoddiad parhaus gan y BBC gallai fod yn cynnig llwyfan mwy fyth i ragor o leisiau, ac i fwy o straeon o bob rhan o Gymru a thu hwnt a fydd yn adlewyrchu ein balchder ni fel cenedl yn ein hamgylchedd naturiol a'n hymrwymiad ni i ddiogelu'r dreftadaeth allweddol hon at y dyfodol.

Corsydd
Awst 2007

Cors Ddyga

Bu ond y dim i Ynys Môn gael diwydiant glo – a hwnnw, yn ôl rhai, ar raddfa fyddai wedi cystadlu â rhai o ardaloedd de a gogledd-ddwyrain Cymru. Cawsom yr hanes gan Geraint George pan aeth criw o selogion *Galwad Cynnar* i ymweld â Chors Ddyga am y tro cyntaf ddiwedd Awst 2007.

Geraint awgrymodd ein bod yn ymweld â'r gors, yn ystod sgwrs ges i efo fo yng nghantîn y BBC ym Mangor un pnawn. Roedd yn safle diddorol, meddai, yn ddaearegol yn ogystal ag oherwydd y bywyd gwyllt sydd yno. Geraint, gyda'i ddiddordeb mawr mewn daeareg a'i allu i drafod y pwnc yn rhwydd a rhugl (a gyda thinc o hiwmor iach yn aml iawn), oedd ein daearegydd ni – ac os oedd o'n dweud bod rhyw safle neilltuol yn arbennig o ddiddorol, yna gallech fentro 'i fod o.

Gwyddwn fod daeareg Ynys Môn gyda'r mwyaf amrywiol a dramatig yng Nghymru, a phan allwn i wneud hynny, ro'n i'n trio dechrau teithiau *Galwad* gyda thrafodaeth am y graig sydd o dan ein traed. Wedi'r cyfan, natur y graig sy'n penderfynu natur y pridd i raddau helaeth, a natur y pridd sy'n penderfynu natur y fotaneg, ac yn y blaen. Roedd hanes darganfod glo ar Ynys Môn yn atyniad ychwanegol na fedrwn i mo'i wrthod ... felly Cors Ddyga amdani, yng nghwmni Geraint, Bethan Wyn Jones, Kelvin Jones a Mannon Lewis o'r Cyngor Cefn Gwlad, gynt.

Ar ôl croesi drosodd i Fôn ar yr A55 a throi oddi ar y lôn ddeuol yn fuan ar ôl pasio cefnau Llanfairpwllgwyngyll, dilynwch yr arwydd am ganolfan arddio Holland Arms. Wedi i chi basio'r ganolfan arddio honno ym Mhentre Berw, fe welwch yr hen A5 yn ymestyn o'ch blaen i gyfeiriad Llangefni. Tua chwarter ffordd ar ei hyd hi, mae arwydd ar y chwith yn eich gwahodd i warchodfa'r Gymdeithas Gwarchod Adar – dilynwch y lôn gul hon ac fe aiff â chi heibio i'r hen fwthyn sydd bellach ym meddiant yr RSPB ac i faes parcio Cors Ddyga.

Yng nghanol Cors Ddyga

Mae nifer o gorsydd ar Ynys Môn, wrth gwrs, ac mae sawl un ohonyn nhw yn safle cadwriaethol o bwys byd-eang. Ymysg eraill mae Cors Malltraeth, sydd ar ffin ddeheuol Cors Ddyga, Cors Erddreiniog ar ochr ddwyreiniol yr ynys a Chors Bodeilio rhwng Talwrn a Phentraeth – pob un yn wahanol, a phob un yn cynnwys clytwaith cymhleth o gynefinoedd pwysig a phrin. Ac yn eu tro, mae pob un o'r cynefinoedd hynny'n gartref i fyrdd o blanhigion a chreaduriaid mawr a bach – y mwyafrif ohonynt â gofynion unigryw, a nifer yn prysur brinhau trwy wledydd Prydain ac Ewrop. Nid yw Cors Ddyga yn eithriad yn hynny o beth, ond yn wahanol i'r mwyafrif o gorsydd pwysicaf Cymru, sy'n cael eu rheoli gan Gyfoeth Naturiol Cymru, yn nwylo'r Gymdeithas Gwarchod Adar mae Cors Ddyga.

Roedd y gors newydd ddod i feddiant y Gymdeithas pan ymwelodd criw *Galwad* â hi gyntaf, a'r gwaith o'i hadfer newydd ddechrau. Mae'r rhelyw o'r gwaith cynnar hwnnw wedi ei gwblhau erbyn hyn a'r warchodfa – a'r corslwyni sydd ymhlith y rhai mwyaf yn y wlad – yn un o'r plu amlycaf yn het aml-bluog yr RSPB yng ngogledd Cymru.

Aber oedd yma'n wreiddiol, mae'n debyg, lle'r oedd afon Cefni yn cyrraedd y môr. Yn 1788 cafodd nifer o dirfeddianwyr lleol yr hawl i godi clawdd llanw i ennill tir o'r môr ac i newid cwrs yr afon, er mwyn sychu'r lle i greu porfeydd i'w hanifeiliaid. Wrth ddechrau ar y gwaith cynnar hwn y daethpwyd o hyd i haen addawol o lo.

Heddiw, y cyfan sydd i'w weld o olion y cloddio yw gweddillion un o dyrau pympiau'r lofa, a'r llynnoedd a elwir yn Llynnoedd Gwaith Glo. Ond os chwiliwch chi yn y lle iawn, gallwch ddod o hyd i friwsion glo ar y ddaear o amgylch yr hen ddŵr pwmp – fel y gwnaeth Geraint George fel yr oedden ni'n paratoi i ddechrau recordio.

GERAINT 'Dyw pobl ddim yn arfer meddwl bod gan Ynys Môn gysylltiad gyda glofeydd. Maen nhw'n meddwl am gloddio am gopr ar Fynydd Parys, wrth gwrs, ond nid am lofeydd. Ond mae 'na lofeydd hynafol iawn yma – mae tystiolaeth 'u bod nhw'n dyddio yn ôl i gyfnod Harri'r Wythfed. Roedd problem fawr wrth gloddio am lo yma oherwydd ei bod hi mor gorsiog, a llifogydd yn creu difrod mawr i'r glofeydd – yn ddaearegol, mae afon Cefni bron iawn yn hollti'r maes glo yn ddau. Ffurfiwyd hwn yn yr un cyfnod, wrth gwrs, â meysydd glo eraill Cymru yn y gogledd-ddwyrain, yn ne Cymru a draw yn Sir Benfro – y cyfnod Carbonifferaidd ryw dri chan miliwn o flynyddoedd yn ôl, pan oedd yr hinsawdd yn dra gwahanol. Roedd yr hinsawdd honno'n gynnes iawn a phlanhigion yn pydru i lawr ac yn creu'r glo y'n ni'n 'i adnabod heddiw. I'r gogledd ac i'r de mae creigiau hynafol dros ben, o'r cyfnod Cyngambriaidd ... ti'n mynd yn ôl yn y fan yna dros bum can miliwn o flynyddoedd. Mae'n debyg bod y glo yn brigo i'r wyneb ychydig bach i'r gogledd-ddwyrain, ac ansawdd y glo yn reit dda. Bu ymgais yn Oes Fictoria i geisio allforio'r glo, a galw am adeiladu lein i fynd â fe allan o Bentraeth a Thraeth Coch, er na ddaeth hynny i ffrwyth. Ond roedd rhyfaint o gloddio lleol yn dal i fynd 'mlaen tan ddiwedd y Rhyfel Byd Cyntaf. Mae'n wych gweld bod Menter Môn a'r awdurdode yma'n rhoi sylw i hyn, achos mae llawer iawn o lofeydd ganddon ni yng Nghymru, ond dim rhai mor hynafol ... a phwy fydde'n meddwl mai yn Ynys Môn maen nhw, yntê?

BETHAN Roedd y gors yma ar un adeg yn rhannu Môn yn ddwy – Sir Fôn Bach a Sir Fôn. Ac mi allai hi fod felly o hyd, wrth gwrs. Y cwbwl sy isio ydi llanw go fawr o'r ddwy ochr a stormydd go dda – a phwy a ŵyr, hefo be sy'n digwydd i'r hinsawdd, na fydd o'n digwydd eto. Tydi o ddim yn mynd i gymryd lot i dorri trwodd yn y fan yma, a ti'n mynd drosodd wedyn i ochra' Pentraeth.

Geraint George yn dangos enghreifftiau o lo Môn i ni

GERAINT Mae'n debyg, yn Oes y Tywysogion, y bydde'r llanw yn mynd yn bell iawn i'r mewndir, ac mae patrwm y traeniau ar Ynys Môn yn eitha syml mewn ffordd – tydi'r afonydd ddim yn fawr iawn ond maen nhw bron iawn i gyd yn rhedeg o'r gogledd-ddwyrain i'r de-orllewin, yn dilyn y ffawtiau daearegol, y ddaeareg solet sydd oddi tanyn nhw. Yn nes ymlaen pan ddaeth y rhewlif, mi weithiodd y rhain ar yr holltau hynny a chreu'r patrwm traeniau sydd gyda ni heddiw. Ac mae'r ddaeareg yma'n amrywiol dros ben: y gwythienne glo, y garreg galch a'r creigie hynafol.

BETHAN Rhyfedd dy fod ti wedi sôn am Oes y Tywysogion. Roedd 'na gymeriad reit liwgar o'r enw Gruffydd Llwyd, mae'n debyg, oedd wedi gweithio ryw fath o system llifddorau. Petai rhywun yn ymosod arnyn nhw i fyny ffordd hyn, mi fyddan nhw'n cronni'r dŵr, a phan oedd yr ymosodiad ar droed roeddan nhw'n agor y llifddorau. Wrth gwrs, roedd yr ymosodwyr yn cael 'u sgubo i ffwrdd hefo'r dŵr.

Gerallt yn holi Bethan Wyn Jones

MANNON Mae'r gors yma'n Safle o Ddiddordeb Gwyddonol Arbennig, efo arwynebedd o tua mil tri chan erw. Safle sy'n gorwedd yn isel yn y dirwedd ydi o; safle corsiog a gweddillion ardal o forfa heli a chorsydd lle, ar un adeg, roedd afon Cefni yn troelli drwyddo, ond rŵan, wrth gwrs, mae petha dipyn bach yn wahanol … Mae'r lle'n edrych yn ei ogoniant heddiw hefo'r coed helyg o'n cwmpas ni, y brwyn a'r amryw blanhigion.

GERALLT Ond tirlun wedi'i greu ydi hwn yn y bôn …

MANNON Ia, wedi'i greu mae o, ac os edrychwch chi ar fap o'r lle, neu ar lun o'r awyr, mae 'na lwythi o gaeau bychain wedi cael eu creu yma fel yr oedd y ffermwyr yn draenio'r tir. Er hynny mae o'n werthfawr ofnadwy, ac un o'r rhesymau 'i fod o'n Safle o Ddiddordeb Gwyddonol Arbennig ydi oherwydd yr adar, fel y cornchwiglod – wrth gwrs, mae'r rheiny angen tir sy'n cael ei reoli, ac oherwydd bod y ffermwyr wedi bod yn rheoli, maen nhw wedi gallu bod yma dros y canrifoedd …

GERALLT Yr arwydd amlycaf, debyg iawn, ydi bod afon Cefni yn llifo fel camlas drwy ganol y safle …

MANNON Ydi, mae hi fel camlas. Mae 'na rai planhigion eitha diddorol yn y gamlas ei hun, ond mae'r rhan fwya o'r planhigion y mae ganddon ni ddiddordeb ynddyn nhw yng ngweddillion afon Cefni, sydd rŵan yn byllau bychain o gwmpas y safle – rhai pyllau â dylanwad dŵr heli arnyn nhw. Hefyd, mae ganddon ni weision neidr eitha prin yma, y gwas neidr blewog, yr *'hairy dragonfly'* [*Brachytron pratense*] ydi un ohonyn nhw.

KELVIN Mae cors yn dynfa i adarwr. Mae'n ddiddorol – fel mae'r flwyddyn yn newid, mae'r gors yn newid. Rydan ni yma ddechra mis Medi ac mae hi'n edrych yn ddigon distaw rŵan, ond petaen ni yma gyda'r nos, mi fyddai 'na rai miloedd o wenoliaid yma, yn dod i glwydo wrth fynd i lawr i'r de. Petaen ni yma chwe wythnos yn ôl mi fasan ni wedi clywed telor yr hesg yn galw, ond mae'r rheiny wedi symud bellach – maen nhw erbyn hyn yn Ffrainc yn magu pwysau yn barod i fynd yr holl ffordd i Affrica mewn un cam.

GERALLT A'r gors 'ma rŵan … mae hi fel pantri mawr i'r adar, ydi?

KELVIN O ydi. Un llysleuen bwysig iawn i'r adar ydi'r *'plum reed aphid'*, ac ar hwnnw mae telor yr hesg yn magu'r pwysau mawr 'ma i gyd. Pan fyddwn ni'n eu dal nhw ddiwedd Mehefin maen nhw'n pwyso tua wyth gram, ond rŵan, wedi iddyn nhw fwyta cymaint o'r rhain a magu saim, maen nhw bron yn bedwar gram ar ddeg. O dan y plu mae'r saim 'ma i'w weld – dyna pam bod pobol yn 'u dal nhw yng ngwledydd Môr y Canoldir i wneud *pate* ac ati. Mi aiff telor yr hesg, ar ôl magu'r pwysa 'ma i gyd, o'r wlad yma i lawr i Senegal heb stopio.

GERALLT Draw fan'cw mae gwlâu hesg a'r coed helyg tu hwnt, ac mae 'na goed masarn yma hefyd. Ym mha fath o gynefin fasan nhw wedi bod yn nythu?

KELVIN Ar ochra'r gors fasan nhw. Yn yr hesg pur, mae gen ti delor y gors, y *reed warbler*, wedyn ar yr ochrau, lle mae hi dipyn bach mwy sych, yno mae telor yr hesg, y *sedgewarbler*. Y gamp i lawer o adarwyr ydi dysgu'r gwahaniaeth rhwng cân y ddau – ond mae o'n reit syml. Mae cân telor y gors fel metronom piano, ti'n 'i glywed o'n ailadrodd, ail-ddweud, tra mae telor yr hesg yn ryw sgratsio i fyny ac i lawr ond heb ailadrodd o gwbwl. O ran eu golwg, mae un yn dywyllach na'r llall ac mae streipen fawr dywyll uwchben llygad telor yr hesg. Mae'r llall, telor y gors, yn hollol blaen, yn hollol frown heb ddim streipen.

GERALLT Bethan – yli be sy'n y fan hyn! Un o dy hoff betha di ym myd natur: rhosyn gwyllt, neu rosyn bwrned hyd yn oed, ac ar 'i ben o – tydi'r rhosyn 'i hun dim mwy na ryw naw modfedd – mae'r pincas robin goch.

BETHAN Pincas robin, ond nid robin 'goch'. Mae o wedi 'i enwi ar ôl Robin, neu *Puck*, yn nrama Shakespeare, Breuddwyd Noswyl Ifan [*Midsummer Night's Dream*] a be sydd yn 'i greu o ydi picwnen fach, y *bedugar wasp* [*Diplolepis rosae*]. Maen nhw'n dodwy wyau ym meinwe'r coesyn, a tydi'r coesyn ddim yn 'i lecio fo; a phan mae'r wyau wedi'u dodwy ac yn dechra datblygu mae'r coesyn yn mynd yn wyllt, i bob pwrpas. Mi allet ti gymharu hwn efo'r ffordd mae cancr yn tyfu mewn corff, ond

Gwas neidr blewog

mae o'n beth hardd ddychrynllyd, yn tydi, achos mae o'n gyrru'r canghennau bach 'ma allan i bob cyfeiriad. Yn nes ymlaen, mi fydd hwn wedi datblygu lliw – rhyw liw coch ac oren – cyn marw a mynd yn frown. Ond ar hyn o bryd, mae'r lliw gwyrdd ysgafn 'ma arno, a jest rhyw fymryn o gochni ynddo fo. Niwsans i'r planhigyn, wrth gwrs, ond harddwch pur i ni.

GERALLT   Be sy'n deor ohono fo?

BETHAN   Mi fydd y larfa yn dod allan ohono fo, a'r rheiny'n trawsnewid yn oedolion, ac mi fydd y cylch bywyd yn gyflawn wedyn.

GERALLT   Rydan ni yn y lle tebycaf rŵan i fath o Lôn Goed ar Ynys Môn, Kelvin. Mae hi'n eitha trwchus bob ochor i ni ... y math o le y basat ti wrth dy fodd yn gosod rhwyd, mae'n debyg?

KELVIN   Tasa'r lle'n agosach at adra mi faswn i yma bob dydd!

Paratoi i holi Mannon Lewis

GERALLT   Be ydi'r rheolau ynglŷn â rhwydo adar?

KELVIN   Mae'n rhaid i ti gael trwydded i wneud, ac mae hi'n cymryd tair neu bedair blynedd i ddysgu a chyrraedd y safon lle cei di weithio ar dy ben dy hun. Wedyn mae'r hyfforddiant yn dal i fynd yn 'i flaen. Er enghraifft, ti'n dysgu peidio trio gwneud gormod. Mewn lle fel hyn, er enghraifft, mae'r uchder yn berffaith i osod rhwyd hir. Tasa gin i dri chan llath o rwydi

yma, ar ben fy hun mi faswn i'n dal tua cant o adar mewn pum awr. Mi fedrwn i ddelio hefo hynny, ond faswn i ddim yn rhoi dim mwy na hynny rhag ofn i mi ddal gormod, a faswn i ddim yn gallu dod i ben wedyn, a dwyt ti ddim isio gwneud hynny. Ond os wyt ti'n sbio ar yr holl fwyd sydd yn y fan hyn ... rho ryw bythefnos iddi ac mi fydd y lle yn llawn o deloriaid penddu ('*blackcap*') ac ati yn symud trwadd, ac mi fasa'r fan hyn yn wych fel mae hi yn goleuo yn y boreau. Maen nhw'n dŵad trwy'r gors, a'r gobaith ydi y baswn i'n dal rwbath sydd wedi cael ei fodrwyo yn yr Alban neu Sgandinafia. Mi fydda i'n trio gosod y rhwydi cyn iddi oleuo – yn y ddwyawr gynta 'na fel mae hi'n dechrau goleuo maen nhw ar 'u prysuraf. Ar fore hydrefol pan fydd lot o niwl, wnân nhw ddim symud nes bydd yr haul yn codi. Rhwydi mân, mân ydyn nhw – ti'n gwbod 'i bod hi yna ond prin y gweli di hi os ydi hi'n llonydd. Ond unwaith mae 'na wynt yn 'i symud hi, mae'r adar yn 'i gweld hi. I'r rheiny sydd erioed wedi gweld un, mae pocedi yn y rhwyd. Mae'r aderyn yn hedfan i'r rhwyd ac yn llithro lawr i un o'r pocedi, sydd 'fatha silff fach, wedyn yn ista yn y boced am ryw bum munud ar y mwyaf. Wedyn, ti'n 'u tynnu nhw allan – bag bach – yn ôl i ben y rhwyd, modrwyo, darfod modrwyo, ac yn ôl at y rhwyd. Rhaid cadw golwg ar yr amser fel bod 'na ddim byd yn y rhwyd am fwy na rhyw ddeng munud ar y mwya.

Pincas Robin yng Nghors Ddyga

GERALLT Roeddat ti'n deud wrtha i bod y gors wedi bod yn boblogaidd iawn hefo saethwyr, a bod ciperiaid yma …

KELVIN Plas Newydd oedd piau'r saethu yma am flynyddoedd, ac ar un adeg roedd tri cipar llawn amser ar y gors yn difa brain a charlymod. Yr adeg honno roedd nifer y chwiaid yma yn anhygoel. Mae 'na chwiaid yma heddiw, ond bryd hynny roedd gen ti chwiaid yn aros yma i nythu. Rŵan, pan ddaw'r hydref mi fydd y chwiaid yn dod yma o bellter am fod y tymor mor dyner … mi fydd cannoedd o hwyaid gwylltion (*mallard*) yma ymhen ychydig, a'r hwyaid lostfain (*pintail*) a'r hwyaid llydanbig (*shoveler*) a gobeithio, fel mae'r lle yn dod yn ei flaen, aderyn y bwn (*bittern*). Roedd aderyn y bwn yma yn yr wythdegau, ar lynnoedd bach Sir Fôn. Maen nhw isio lot o ddŵr agored a lot o ochrau bas lle medran nhw fwydo, a thomen o lysywod – yn enwedig y llysywod bach cynnar rheiny sydd yn aur neu arian. Ar y rheiny maen nhw'n dibynnu pan maen nhw'n nythu, felly ma' raid gwneud y gors fel bod y rheiny'n dod i fyny'r afon a'u bod nhw yma ar gyfer yr adar.

Gweirlöyn y perthi

Y Migneint

Ganol Awst 2007, cafodd Iolo Williams gyfle i grwydro corstir arall ar gyfer y rhaglen, corstir gwahanol iawn i Gors Ddyga ar Ynys Môn:

Pan fydd rhywun yn sôn am gors fel arfer, mae rhywun yn meddwl am rywle lawr yn yr iseldir, lle mae 'na ddigon o frwyn, digon o hesg, digonedd o ddŵr, ond i mi – rhywun sydd wedi tyfu i fyny yn ucheldir Sir Drefaldwyn, cors ydi cors yr ucheldir, sef gorgors neu *blanket bog*. Ond i fyny ar y Migneint ydw i, y darn hwnnw o dir sy'n gorwedd rhwng Betws-y-coed, Ysbyty Ifan a'r Bala; darn o dir sy'n ddiffaith mewn llawer ystyr, ond nid o ran bywyd gwyllt.

Mae hi ychydig yn hwyr rŵan ar gyfer llawer o'r adar – taswn i yma ddeufis yn ôl, dwi'n siŵr y baswn i wedi gweld bod tinwen, gwalch bach, grugieir duon ac yn y blaen, ond mae llawer o'r adar rheiny wedi gadael yr ucheldir erbyn hyn. Mae adar fel y bod tinwen a'r gwalch bach ('*merlin*') yn hollol ddibynnol ar adar bach fel corhedydd y waun a'r ehedydd, a chan fod y rheiny wedi gadael yr ucheldir tua diwedd Gorffennaf i ddechrau Awst, yn gweithio'u ffordd i lawr i'r tir isaf i ffermdir ac aberoedd, llefydd mwynach sydd â mwy o fwyd iddyn nhw, mae'r adar ysglyfaethus wedi eu dilyn nhw. Ro'n i'n gweld heidiau rŵan o gorhedyddion y waun – maen nhw'n heidio cyn symud lawr – a ji-bincs ar ambell fedwen.

Ond nid edrych am adar ydw i heddiw, ond edrych i lawr ar ychydig o'r tyfiant. Mae hi wedi bod yn wlyb iawn 'leni ond dwi i fyny yma ar ôl wythnos a hanner o dywydd sych, ar ddiwrnod braf ofnadwy – mae hynny'n golygu bod rhywfaint o'r tir wedi sychu ac mae hi'n haws i mi gerdded ar ei hyd o drwy'r grug, sydd ar 'i orau, a'r gwenyn yn hedfan yma ac acw ynddo. Ond yn y rhannau gwlypaf mae yma chwys yr haul, sef '*round-leaved sundew*' [*Drosera rotundifolia*]. Dyna i chi enw da ydi chwys yr haul – mae ganddo ddail arbennig sydd wedi addasu i ddal pryfetach fel morgrug ac yn y blaen drwy gynhyrchu glud, a dyna sy'n 'chwysu', fel 'tae o'n chwysu yn yr haul. Mae'r pryfetach yn mynd yn sownd yn y glud yma, a'r planhigyn yn tynnu'r maeth allan ohonyn nhw. Addasiad ydi o, gan eu bod nhw'n byw ar dir sur ofnadwy. Does fawr o faeth yn y pridd mawnog, felly mae'n rhaid iddyn nhw wneud y gora o be sydd ar gael. Os a' i ymlaen chydig mae 'na dir caregog a nant fach, sydd bron â sychu allan, ac ar yr ochrau mae tafod y gors, 'butterwort' yn Saesneg [*Pinguicula vulgaris*]. Unwaith eto, mae hwn wedi addasu i ddal pryfed, ond mewn ffordd wahanol. Mae'r dail fel tafodau mawr gwyrdd ac yn llithrig iawn, ac unwaith mae'r morgrug a'r chwilod yn mynd arnyn nhw, maen nhw'n llithro i mewn i ganol y planhigyn ei hun. Fan honno mae'r planhigion yn torri'r pryfetyn i lawr ac yn sugno'r maeth allan ohono. Unwaith eto, addasiad arbennig ar gyfer yr ucheldir.

O 'mlaen i yn y fan yma – ac mae o wedi mynd drosodd dipyn bach – mae blodau brown. Ddiwedd Gorffennaf mi fasan nhw'n felyn llachar. Llafn y bladur ydi o, y 'bog asphodel' [*Narthecium ossifragum*], un o'm hoff blanhigion i. A' i ddim atyn nhw, maen nhw yn y llecynnau gwlyb draw o 'mlaen i yn fan yna, ond os cerdda i ymlaen dros y

grug ... mae yma lus! Ambell un yn dal hefo chydig o ffrwythau arno, ond mae'r rhan fwya wedi cael 'u bwyta – mae'n rhaid 'i fod o, i fyny yn fan yma, yn fwyd pwysig dros ben. Dwi wedi gweld bob math o adar a mamaliaid yn 'u bwyta nhw – mi welwch chi faw llwynog yn borffor, am chydig, a baw adar fel yr aderyn du, a mwyalchen y mynydd, wrth gwrs, sy'n brin iawn erbyn heddiw. Y grugiar hefyd – mae baw'r rheiny'n borffor hollol am tua mis achos 'u bod nhw'n bwyta'r llus – ond dim ond un neu ddau sydd ar ôl yn fan yma rŵan ... Mae yma fwy a mwy o rug – wrth edrych o 'nghwmpas, ma' rhywun yn sylweddoli pa mor brin ydi cynefin fel hwn erbyn heddiw, achos mae'r Migneint yn gorchuddio darn mawr o dir. Yr Ymddiriedolaeth Genedlaethol sydd biau llawer ohono fo, diolch byth – maen nhw'n sicrhau dyfodol yr hen gynefin 'ma, a'r gorgors ... mae hwnnw'n mynd yn brinnach. Ro'n i'n gweld bod yr RSPB, yr Ymddiriedolaeth Genedlaethol, y Cyngor Cefn Gwlad ac eraill i gyd wedi dod at ei gilydd i drio codi arian i geisio sicrhau dyfodol ardaloedd fel hyn. Ers talwm, roeddan nhw'n sychu tir fel hyn ac yn creu ffosydd ac yn aredig y tir, a rhoi calch arno fo er mwyn tyfu gwair i gael mwy a mwy o ddefaid ar y mynydd, a gwartheg; ond rŵan, diolch byth, maen nhw'n diogelu'r ardaloedd achos 'u bod nhw mor bwysig ar gyfer bywyd gwyllt.

Un o nentydd y Migneint

Cyfrinachau Corsydd

Un arall fethodd ymuno â ni yng Nghors Ddyga oedd Twm Elias, ond fe ddaeth draw acw ychydig ddyddiau wedyn i recordio ei gyfraniad yntau i'r rhaglen.

Roedd corsydd, fel afonydd, llynnoedd a ffynhonnau, yn bwysig iawn yn nychymyg ac yn nefodau'r hen Geltiaid. Byddai offeiriaid yn aberthu i'r llefydd dyfrllyd yma a ystyrid yn byrth i Annwfn, y Byd Arall, er mwyn sicrhau atgyfodiad yr haf bob blwyddyn yn y frwydr ddiderfyn rhwng pwerau'r tywyllwch a'r goleuni, ac mae adlais o hynny yn chwedl Lleu yn y Mabinogion. Duw'r haul oedd Lleu, ac yn ôl y stori, cafodd ei ladd pan gafodd ei dwyllo gan Blodeuwedd i gyflawni tri amod arbennig yn yr hud yn afon Cynfal. Yna, mae'n troi'n eryr cyn cael 'i atgyfodi gan y dewin Gwydion yn ddiweddarach, ar ffurf dyn unwaith eto. Un o'r tri amod oedd bod yn rhaid i Lleu sefyll mewn lle nad oedd yn dir nac yn ddŵr – wel, be arall allai hynny fod heblaw cors, yndê? Mae'n debyg bod cors, neu donnen, sef y fignen ddyfrllyd honno sy'n siglo dan eich traed chi, yn cael ei hystyried yn lle peryglus a thwyllodrus, yn ymddangos yn gadarn ond yn gallu traflyncu'r anghyfarwydd. Hyd yn oed o fewn cof, mae ambell geffyl gwedd wedi diflannu i gors, on'd oes? Dim rhyfedd felly fod pobol yn

Gweirlöyn brych ar Gors Erddreiniog, Môn

amheus o gorsydd, a tan yn ddiweddar, yn credu bod pwerau drwg yn trigo ynddyn nhw. Onid 'cannwyll gorff' oedd yr enw ar y fflamau rhyfedd achosir gan y nwy *methane*, a welid ar fawnogydd weithiau? Ac yn Nyfed, yr enw ar y Dwymyn Dridiau, neu *Typhus*, oedd yn plagio pobol oedd yn byw gerllaw corsydd, oedd 'yr Hen Wrach'. Ac wrth gwrs, croesi cors anobaith oedd un o'r profion wynebai Cristion yn *Taith y Pererin*, John Bunyan.

Canfuwyd rhai o drysorau amlycaf y gwareiddiad Celtaidd wedi eu haberthu i gorsydd – er enghraifft, sawl crochan efydd ac offer metal addurniedig ym Mhrydain, Iwerddon, a'r Cyfandir. Ond mwy trawiadol fyth yw'r dystiolaeth o aberth dynol. Daethpwyd ar draws dros ddau gant o gyrff hynafol mewn mawnogydd yn ystod y tair canrif ddiwethaf ym Mhrydain ac Iwerddon. Trueni mai dim ond yn ddiweddar y dysgwyd sut i gadw'r cyrff hyn rhag pydru unwaith y daethant i gysylltiad ag aer. Cafwyd nifer dda ohonynt yn Nenmarc hefyd. Darllenwch lyfr yr athro P.V. Glob, *The Bog People* (1969) am fwy o'u hanes nhw. Yna, yn 1984, darganfuwyd corff Dyn Lindow, neu 'Pete Marsh' fel roedd o'n cael ei alw, yn Lindow Moss ger Manceinion. Roedd llawer o'r cyrff hyn pan y'u darganfuwyd, am eu bod wedi eu piclo mewn mawn, mewn cyflwr mor berffaith nes y galwyd yr heddlu'n syth, cyn i'r rheiny yn eu tro drosglwyddo'r mater i'r archeolegwyr. Roedd yn amlwg fod llawer o'r cyrff yma, oedd yn dyddio o tua 300 i 500 cyn Crist, wedi eu haberthu yn seremonïol. Dyn Tollund yn Nenmarc yn gwisgo dim byd ond cap a gwregys lledr, a Dyn Lindow yn gwisgo dim ond breichled o ffwr llwynog a'i gorff wedi ei baentio'n wyrdd. Mae hyn yn f'atgoffa i o'r ail amod oedd ei angen i ladd Lleu: ddim wedi ei wisgo, a dim yn noeth. Tybed oedd Lleu wedi ei baentio fel Dyn Lindow? Ond y peth mwyaf trawiadol am y cyrff corslyd yma oedd y modd y cawsant eu lladd. Roedd Dyn Lindow wedi ei ladd trwy gael ei daro ar ei ben, ei grogi â chortyn, a'i wddw wedi ei dorri â chyllell, cyn iddo gael ei roi â'i wyneb i lawr yn y gors. Mae hyn yn cyfateb yn agos iawn i'r disgrifiadau Rhufeinig o sut y byddai'r Derwyddon yn dienyddio eu haberth, sef drwy'r farwolaeth driphlyg. Os chwiliwn ni'n ofalus, fe gawn ni sawl adlais o'r farwolaeth driphlyg, neu farwolaeth ar ôl cyflawni tri amod, yn britho'r hen straeon a chwedlau Celtaidd. Er enghraifft, y tri amod roedd yn rhaid eu cyflawni cyn y gallai Gronw Pebr ladd Lleu. Yn yr Alban, ceir stori Lailoken, y Myrddin Albanaidd, gafodd ei daro â charreg nes iddo ddisgyn i'r afon, lle cafodd o'i drywanu gan stanc a adawyd yn y dŵr gan bysgotwr, a boddi. A beth am y stori o Eryri am y llanc a ymladdodd yr anghenfil tri-phen ar lan Llyn Gwynant, ond a gafodd ei frathu gan yr anghenfil cyn disgyn i'r dŵr, taro'i ben ar garreg, a boddi.

Un o lynnoedd bychan Cors Fochno

Rhodfa bren yng Nghors Fochno

Un o drigolion diweddar y Migneint

Y Wiber Ddu

Gyrrwyd llun o wiber anghyffredin i'r rhaglen gan Neil Davies a'i ferch 13 oed, Nia, o Lanberis. Duncan Brown a Dr Gethin Thomas o Brifysgol Abertawe sy'n trafod gyda Dei Tomos.

DEI   Gwiber, yn ddiamau, ia Duncan? Mae hi'n wiber anghyffredin iawn.

DUNCAN   Dwi erioed wedi gweld un fel hyn, ond pan dach chi'n siarad efo'r gwybodusion, maen nhw'n reit *blasé*. Mi ges i sgwrs drwy e-bost efo Liz Howe yn Sir Fôn, o Gyfoeth Naturiol Cymru, a be ddaeth allan oedd bod y gwiberod duon 'ma'n cael mantais o fod yn ddu – maen nhw'n cymryd gwres yr haul i mewn lot mwy nag y bysan nhw petaen nhw'n lliw goleuach. Yr anfantais, wrth gwrs, ydi eu bod nhw'n colli'r cuddliw.

DEI   Mae hi'n amlwg iawn yn y llun 'ma yn tydi? Pam bod 'na rai o'r rhywogaeth yn troi'n ddu?

DUNCAN   Dwi'n meddwl mai rwbath genetig ydi o ... dwi'm yn meddwl bod 'na fwy iddo fo na hynny.

DEI   Gethin – ydi hyn yn rwbath anghyffredin i chi?

GETHIN   Na – mae llwyth ohonyn nhw ar Benrhyn Gŵyr! Mae Penrhyn Gŵyr yn *hotspot* ar gyfer gwiberod, ac mae'r rhan fwya ohonyn nhw gyda'r cuddliw hyn, a chi ond yn 'u gweld nhw rîli os chi'n gwybod lle i edrych. Ond weithie, mae'r benywod, sy'n tyfu'n fwy na'r gwrywod, yn tueddu i fod yn fwy tywyll hefyd. Chi'n dal i allu gweld y patrwm *zig-zag* sy ar y cefn – yn y llun, mae'r *zig-zag* yn dal i fod yna, ond mae'n anoddach i'w weld. Yn bendant, roedd e ma's yn yr haul yn torheulo; roedd hi'n ddiwrnod braf. Yng Nghoed y Brenin y cafodd y llun ei dynnu, ac mae'n wych gallu gweld anifeiliaid fel hyn pan y'ch chi ma's ... ond ddylech chi ddim mynd yn rhy agos ...

DEI   Dach chi wedi cysylltu efo rhywun yn yr Alban ynglŷn â'r rhain, Duncan?

DUNCAN   Do. Mae gen i fêt sy'n gwneud rwbath tebyg i *Llên Natur* yng ngogledd yr Alban – roeddan ni'n chwarae efo'r syniad y dyla bod 'na fwy o'r nadroedd duon 'ma yn y gogledd ac yn uwch i fyny ar y mynyddoedd, achos bod y fantais 'ma o fod yn ddu yn mynd i fod yn gryfach. Mae Gethin wedi rhoi sbocsan yn y theori yna, felly, drwy ddeud bod 'na gymaint ohonyn nhw ar Benrhyn Gŵyr yn y de, achos roedd Roddy yn Inverness yn deud 'i fod o wedi gweld llwyth ohonyn nhw yn Caithness reit yng ngogledd yr Alban – ro'n i'n meddwl wedyn bod y theori yn dal dŵr.

DEI   Ond mae o'n gwneud synnwyr 'u bod nhw'n dywyllach ymhellach dach chi'n mynd i'r gogledd, achos wedyn maen nhw isio'r gwres ychwanegol.

DUNCAN   Ydi, ond tydi o ddim wedi cael ei brofi yn y maes.

GETHIN   Tydi Penrhyn Gŵyr ddim mor dwym â hynna ... dwi'n gwybod ei fod o'n is i'r de na Caithness, ond mae'r gwiberod hyn yn gallu byw reit lan yn y gogledd, hyd at jyst o dan Gylch yr Arctig. Un o'r manteision o gael y lliw tywyll hyn yw eu bod nhw'n gallu twymo lan, falle, bach yn gynt.

Kelvin Jones

Mae yn anodd dychmygu 'mod i wedi bod yn cyfrannu i banel *Galwad Cynnar* ers dros bymtheg mlynedd. Dwi'n cofio Mr Aled Jones yn rhoi caniad i mi yn swyddfa'r heddlu, lle ro'n i'n gweithio, a gofyn a fyddai'n bosib i mi gyfrannu i'r rhaglen ar y Sadwrn canlynol. Mi o'n i wedi trefnu i fynd i ganol coedwig Clocaenog y diwrnod hwnnw, dywedais wrtho, ond mi fysa fy ffôn symudol (un fel bricsen) gen i. Yn anffodus doedd dim signal, a bu'n rhaid i mi ymddiheuro i Mr Cynhyrchydd ar y bore Llun canlynol.

Rhai wythnosau yn ddiweddarach ffoniodd Aled eto, yn holi am destun agos at fy nghalon, a dyna oedd dechrau fy mherthynas efo *Galwad*. Dros y blynyddoedd dwi wedi gwneud ffrindiau da hefo 'nghyd-banelwyr, ac mae'n syndod faint o'r gwrandawyr sy'n nabod fy llais i.

Mae'n anodd dewis uchafbwynt. Bod ar ben y clogwyn mawr ar ynys Sgomer a'r palod yn hedfan i mewn, a cherdded ar draws y llwybr o'n blaenau. Ychydig wythnosau wedyn ro'n i ar gwch ger Ynys Gwylan Fawr ym mae Aberdaron, a hedfanodd y palod dros ein pennau i'r ynys ac eistedd o'n cwmpas. Dau brofiad hollol wahanol, ond yr un mor gofiadwy. Dwi hefyd yn cofio Goronwy Wynne ar ei liniau ar lethrau'r Gogarth, wedi gwirioni ar ôl darganfod planhigyn bach tlws oedd fod i dyfu yng Nghwm Idwal.

Isafbwynt oedd gadael i air weddol hyll ddenig allan o 'ngheg wrth i mi siarad am gasglu wyau. Bosib na fysa fy nghyd-Gofis yn meddwl ei fod yn air hyll, ond mae'n rhaid i mi ymddiheuro am ei ddweud o. Wedyn yn 2004, roedd gweilch y pysgod wedi dechrau nythu ger Porthmadog. Roedd y peth yn gyfrinach yn yr ardal, a chefais sawl galwad ffôn i swyddfa'r heddlu os oedd rhywun yn bihafio'n amheus yn y cyffiniau. Y cynllun oedd gwneud y peth yn gyhoeddus ar *Galwad* ar un bore Sadwrn ym mis Mehefin pan fyddai'r wyau wedi deor, ac roedd trefniadau wedi eu gwneud gan yr RSPB i ddangos yr adar i'r cyhoedd. Yn anffodus, ar y dydd Mercher cyn mynd yn gyhoeddus, bu storm enfawr o law a disgynnodd y nyth 80 troedfedd i'r llawr gan ladd y ddau gyw bach oedd ynddo. Tristwch mawr, ond roedd yr oedolion yn dal i fod o gwmpas y nyth felly cyhoeddwyd be oedd wedi digwydd ar *Galwad*. Pan agorwyd y man gwylio y bore hwnnw roedd rhesi o bobol leol yno i'w gweld – roedd lawer ohonyn nhw'n gwybod y gyfrinach yn barod. Mi o'n i'n drist iawn: wythnosau o waith caled, a dim cywion.

Sarn Badrig

Medi 2006

Mae ymadrodd am ddigwyddiadau bythgofiadwy, 'does: 'mi gofia i hyn tra bydda i'. A dyna'n union oedd hwn – ymweliad *Galwad Cynnar* â Sarn Badrig.

Sarn Badrig yw'r fwyaf a'r mwyaf gogleddol o'r tair prif sarn, neu *reef* yn Saesneg, sy'n ymestyn allan i Fae Ceredigion rhwng Aberystwyth a Harlech. Ar drai, ar ddiwrnod braf, os ewch chi i fyny un o fryniau Ardudwy, gallwch weld hon fel cysgod tywyll dan y dŵr, yn ymestyn allan i'r de-orllewin ryw hanner ffordd rhwng Dyffryn Ardudwy a'r Bermo. Mae nifer o sarnau bychain yma ac acw ar hyd arfordir Cymru – rhai o fathau eithriadol brin, megis Sarn Holden, ger Bermo, sydd yr unig sarn o'i math ar arfordir Gwledydd Prydain. Mae hi wedi'i chreu gan adweithiau cemegol wrth i fethan (*methane*) godi o wely'r môr. Dim ond un sarn arall debyg iddi sydd wedi ei darganfod, ac mae honno yn nyfroedd Denmarc.

Tomenni hir a chul o gerrig ydi sarnau, yn gynefinoedd arbennig i lu o greaduriaid a phlanhigion morol. A phob hyn a hyn, pan fo'r amodau yn ffafriol gyda thrai mawr a lleuad lawn yn cyd-ddigwydd, mae'r môr yn cilio digon i ddatgelu rhyw ran ohonyn nhw. Anaml iawn mae hynny'n digwydd, a dyna pam fod criw *Galwad* wedi'i hanelu hi am y Sarn.

Roedd hi'n gynnar ym mis Medi 2006, a haf hirfelyn tesog Ellis Wynne wedi ildio i hydref glawog gwyntog Derek Brockway yr wythnos honno. Teg yw dweud bod pawb yn sbio'n gam arna i, y clown o gynhyrchydd oedd wedi penderfynu mentro allan ar ddiwedd wythnos druenus o law di-baid a diflas ... ac oer.

Gallwn ddychmygu sylwadau'r cyfranwyr cyn y recordio: 'Be haru o, neno'r Tad?' 'Mae isio sbio'i ben o, a'n penna ninna am wrando arno fo ...' 'Mae 'na leiffbot yn dal i fod yng Nghricieth 'does, siawns ... ?' ynghyd â 'Tydi o ddim yn meddwl mentro allan yn y tywydd yma, does bosib? Tydi *o* hyd yn oed ddim yn ddigon gwirion i hynny ... ydi o?'

Sarn Badrig

Wel oedd, mi oedd o – ond ar y llaw arall, ro'n i ac Alan Grey, perchennog y *Shearwater*, y cwch fyddai yn mynd â ni at y Sarn, wedi bod yn cadw llygad gofalus iawn ar ragolygon y tywydd ac yn ffyddiog byddai'r hen Neifion annwyl yn teimlo'n garedig a chlên, fel y bu o ar bob un o fynych deithiau morol *Galwad* (rhaid 'i fod o'n ffan mawr o'r rhaglen).

Do, fe wawriodd dydd Gwener y trai mawr yn decach na'r un wawr ers dyddiau'r haf, a do, mi ddaeth y criw at ei gilydd yn Hafan Pwllheli dan eu sang o sbectols tywyll ac eli haul. A dyna gychwyn allan i Fae Ceredigion a phrofiad bythgofiadwy.

Yn ôl un chwedl, gallwch gerdded ar hyd Sarn Badrig yr holl ffordd i Iwerddon – ac yn sicr, os oes rhywun wedi mentro gwneud y fath beth, ddaethon nhw ddim yn ôl i ddweud mai celwydd ydi'r hen gred. Ond mae'n wir bod y sarn yma'n ymestyn allan i'r môr am ryw ddau gilomedr ar hugain, a phrin fod mwy na 10 medr o ddŵr yn ei gorchuddio hi pan fydd y môr drosti ar ei ddyfnaf. Mae sawl llong ac aml i gwch wedi eu dryllio arni dros y canrifoedd. A chan fod Sarn Badrig, Sarn y Bwch a Sarn Cynfelyn yn ymestyn allan yn baralel (fwy neu lai) â'i gilydd, does fawr o syndod bod sawl un wedi'u cysyllut nhw â Chantre'r Gwaelod dros y canrifoedd.

Tarodd y mudandod fi wrth i ni agosáu at y Sarn ar fôr oedd fel llyn llefrith – roedd y gwylanod hyd yn oed yn ddistaw, a'r unig sŵn oedd ping y peiriant sonar yng nghaban y *Shearwater* wrth iddo fesur dyfnder y môr. Prysurodd y sŵn mecanyddol wrth i ni fentro i ddŵr mwy bas ac wrth i'r trai sugno'r dŵr oddi tanom, hyd nes i Alan ddweud na feiddiai o fentro ymhellach. Gollyngodd yr angor, ac aros. Pan ddeuai'r amser, mewn rybyr-dingi y bydden ni'n mentro ymlaen.

Mi welais un glöyn byw – mantell goch – ac fel pe bai'r glöyn wedi chwifio'i fantell hud dros y dyfroedd, ymddangosodd y rhimyn meinaf, lleiaf, o dir i'r golwg fel petai'n codi o'r môr (er mai fel arall oedd hi, wrth gwrs). Yn raddol, a'r munudau'n llusgo i ni, daeth mwy a mwy o'r sarn i'r golwg. A daeth lwmp i 'ngwddw inna o wybod y bydden ni, ymhen ychydig funudau, yn sefyll ar waelod y môr, bron i ddwy filltir o'r tir mawr.

> Mae Cader Idris yn y golwg y tu ôl i ni, a chadwyn y Rhinogydd. Mae hi'n dymor da am rug ac o'r fan hyn mae porffor y Rhinogydd i'w weld yn glir iawn; aur y traethau oddi tanyn nhw ac yn y pellter eithaf, yr Wyddfa fawreddog ei hun. A dyma ni wedi cyrraedd y sarn. Mae hi o leia bum troedfedd ar hugain o led ac mae'r cerrig o dan ein traed yn grynion – mae o fel cerdded ar lond casgen o beli llithrig gan eu bod nhw'n troi dan draed.
>
> **Gerallt Pennant**

Mynd am y Sarn

Ddim yn aml 'dan ni'n cael dod allan yma, yn enwedig ar ddiwrnod braf fel hyn. *Reef* ydi'r sarn, ac mae hi'n wahanol i'r sarnau sydd i'w cael o gwmpas Llŷn. Am fod 'na dywod bob ochor i'r sarnau maen nhw'n cael eu sgwrio, fel petai, felly mae 'na bethau arbennig yn byw yno. Mae'r sarn ei hun mewn tua deng medr o ddŵr fel arfer, ond pan mae'r llanw mor isel ag y mae o heddiw mi fydd ei chribyn yn y golwg, ac mi allwn ni weld rhywfaint o'r rhywogaethau yma. Reit ar y top maen ganddon ni bethau fel y '*bootlace weed*'. Maen nhw'n galw hwn weithiau yn '*dead man's rope*' – pan oedd pysgotwyr yn dod ar ei draws roedd o'n edrych fel rhaffau, tua wyth medr o hyd. Mae sawl gwymon arall yma hefyd – fel y '*serrated wrack*'. Gwymon brown cyffredin iawn, sydd fel arfer ar ben y sarn am ei fod yn cael mwy o haul.

Wrth fynd i lawr y sarn mae mwy o anifeiliaid fel yr anemonïau, y '*sea squirts*', a chymunedau o anifeiliaid. Mae sêr môr yma – rhai bach ydi'r rhain, ac mae sut maen nhw'n treulio'u bwyd yn ddifyr iawn. Maen nhw'n gweld yr hyn maen nhw eisiau ei fwyta, cerdded drosto fo, ac mae eu stumogau nhw'n dod allan o'u cegau oddi tanyn nhw er mwyn treulio'r bwyd y tu allan i'w cyrff, gan ei droi'n sudd y maen nhw'n eu sugno i mewn wedyn. Tydi sêr môr ddim yn lecio bod allan o'r dŵr am gyfnod rhy hir, ond gan mai rhyw awr yn unig y bydd y rhain allan o'r dŵr cyn i'r môr ailorchuddio'r sarn, wnân nhw ddim sychu allan.

Mae'n hawdd anghofio ar ddiwrnod braf fel hyn bod nifer o fygythiadau i'r cynefin brau yma – datblygiadau, carthion ac yn y blaen. Pan fydd tywod a mwd yn cael ei godi oddi ar wely'r môr, mae hynny'n mygu pethau fel y gwymon, y sêr môr a'r anemonïau sydd angen dŵr gweddol lân i fedru ei hidlo i fwydo. Ond y bygythiad amlycaf, wrth gwrs, ydi llygredd, o longau neu o'r tir, sy'n cael andros o effaith ar fywyd gwyllt y sarn.

Alison Hargreaves
Swyddog Pen Llŷn a'r Sarnau

Bywyd y sarn

Dan ni'n gweld Harlech o fama ... y stori bwysica sy'n gysylltiedig â'r fan hyn ydi ail gainc y Mabinogi, y chwedl o'r Oesoedd Canol sy'n sôn am y cawr Bendigeidfran a Branwen, ei chwaer – y Branwen hon a briododd frenin Iwerddon. Ond cyn belled ag y mae'r môr yn y cwestiwn, yn y stori mae Bendigeidfran yn eistedd ar ben carreg fawr ac yn gweld llong yn dynesu. Mae hynny'n golygu fod y môr yn llawer uwch yr adeg honno nag ydi o heddiw – yn dod fwy neu lai at droed y graig y mae'r castell yn sefyll arni hi.

Mae 'na nifer o chwedlau am orlifiadau, a'r enwocaf ohonyn nhw, wrth gwrs, ydi'r un am Gantre'r Gwaelod. Roedd chwedleuwyr yr Oesoedd Canol yn sôn am bethau fesul tri, am eu bod nhw'n haws i'w cofio, ac mae 'na un yn sôn am Deyrnas Teithi Hen yn y bae yma, teyrnas Helig fab Gwernog a Theyrnas Rhediw – roeddan nhw'n dweud bod y rheiny i gyd wedi diflannu o dan y dyfroedd. A'r peth diddorol ydi fod teyrnas Helig yn debyg iawn i hen ffurf ar enw tref Pwllheli, sef Pwll Helig, ond bod y stori amdani wedi cael ei throsglwyddo i ardal Bangor a Llanfairfechan. Mae'r hanes am deyrnasoedd fel hyn yn boddi yn gyffredin i lên gwerin nifer o wledydd.

Mae 'sarn' fel arfer yn golygu lle sydd wedi cael ei sathru – fel arfer, ffordd neu lwybr ar y tir mawr efo wyneb reit galed ydyn nhw. O'r herwydd, mae ffyrdd y Rhufeiniaid yn draddodiadol wedi cael eu galw'n sarnau. Ond yma yn Sarn Badrig, ffurfiant naturiol sydd ganddon ni sy'n debyg i lwybr, ac un y byddai'n bosib i rywun gerdded arni. Mae hi'n mynd yn bell allan i'r môr mor bell, mae rhywun yn meddwl am Iwerddon, ac o bosib mai dyna pam y cafodd hi'r enw Padrig (er mai Brythonig oedd Padrig o safbwynt ei enedigaeth).

Yr Athro Gwyn Thomas

Y diweddar Geraint George

Geraint, Iolo a Duncan

Alison, Gerallt ac Alan

Mae'r Rhinogydd yn bum can miliwn mlwydd oed o safbwynt y creigiau Cambriaidd, ond er mwyn ceisio esbonio ffurfiant y sarn mae'n rhaid dod yn llawer mwy diweddar yng nghyd-destun hanes y ddaear, hyd at y rhewlifiant diwethaf a effeithiodd ar ogledd Cymru a Bae Ceredigion, rhyw ugain mil o flynyddoedd yn ôl. Erbyn tua deng mil o flynyddoedd yn ôl, oherwydd codiad yn nhymheredd y ddaear roedd y rhew yn dadmer, a be sydd yn fan hyn yw olion y deunydd y gwnaeth y rhewlifoedd hynny oedd yn gorchuddio mynyddoedd Cymru ei adael ar ôl, ac sydd heddiw ym Mae Ceredigion. Y deunydd trwm sydd wedi goroesi – mae'r clai a'r mwd a'r mân-greigiau wedi hen fynd o ganlyniad i'r moroedd tymhestlog – a'r rhain sydd wedi ffurfio'r sarn. Roedd symudiadau'r rhewlifoedd yma yn llawer mwy cymhleth nag y mae rhywun yn tybio – nid mater o rewlif yn dod i lawr o'r gogledd oer oedd o. Mae'n debyg bod rhew o ardal Môr Iwerddon a de'r Alban wedi llifo ar draws Ynys Môn a Llŷn allan i be sydd yn Fae Ceredigion heddiw. Ond ar yr un pryd roedd rhew Cymreig wedi cronni ar fynyddoedd Meirionnydd, Ardudwy a'r Rhinogydd sydd y tu ôl i ni, ac wedi dod allan i'r ardal yma – mae'n debyg y byddai'r rhew o'r ddau gyfeiriad wedi cwrdd felly mae cymhlethdod o ddeunyddiau yma.

Geraint George

Mae ganddon ni lot o wahanol siarcod fan hyn – yr heulforgi, sef yr ail siarc mwyaf yn y byd, sy'n hollol ddiniwed ac yn bwyta plancton. Mae nifer o'r rhain yn bwydo yn yr ardal yma, ac rydan ni'n reit lwcus i'w cael nhw. Mae morfilod yn troi fyny o dro i dro hefyd.

**Ceri Morris
prosiect O Dan y Môr a'i Donnau**

Un o drigolion y Sarn

O dan bob carreg mae cynefin bychan lle mae anifeiliaid yn gallu byw. Wrth godi un garreg, 'dan ni'n gweld cranc yn syth – ond nid cranc arferol ydi hwn ond *'velvet swimming crab'*. Mae'n un sy'n nofio er mwyn symud yn sydyn, ac ar y coesau ôl, yn wahanol i grancod arferol, mae math o badl er mwyn iddo fedru crwydro o gwmpas gwely'r môr. Ar ei fodiau blaen mae smotiau cochion, ac mae lliw glas bendigedig arno. Un ifanc ydi hwn ... mae'r lliw glas arbennig i'w weld yn well ar yr oedolion, ynghyd â llygaid coch a gwyrdd. Yn Ffrangeg maen nhw'n ei alw yn 'y cranc blin' oherwydd y llygaid – a 'swn i'n deud ei fod o'n un o'r creaduriaid mwyaf peryglus sydd yn y môr yma oherwydd ei binsh poenus!

Lucy Kay

Gwymon Sarn Badrig

Mae Ardudwy yn ficrocosm o Gymru: y traeth, y twyni, y porfeydd a'r caeau a'r ffridd a'r mynydd i gyd wedi eu cywasgu i ryw dair milltir – mae o'n anhygoel. Fy ngwaith i ar un adeg oedd gwarchod dwy forfa benodol, Morfa Harlech a Morfa Dyffryn, ac ro'n i'n sylweddoli bryd hynny pa mor gyfnewidiol ydi'r cynefin yma rhwng y môr a'r tir, yn enwedig ffurf y twyni tywod a natur y llystyfiant.

Mae wedi bod yn agoriad llygad i mi heddiw faint o bryfed, gwenyn a gloÿnnod sy allan ar y môr yn fan hyn, er 'mod i'n gwybod eu bod nhw'n dod allan i fama. Mae'r gwyfynod yma'n dod o'r cyfandir ac o ogledd Affrica – yn rhannol oherwydd newid hinsawdd, ond mae peth o'r mudo yma yn draddodiadol hefyd. Yn haf poeth 1976 ro'n i wedi cofnodi yn fy nyddiadur bod y fantell goch wedi cyrraedd y traeth yn Nyffryn, a dyma ni heddiw, ddeng mlynedd ar hugain yn ddiweddarach, yn gweld yr un peth eto a'r fantell goch yn glanio ar wymon sych San Badrig.

Duncan Brown

Iolo, Lucy ac Ems

Planhigion Meddyginiaethol Cwm Idwal

Mehefin 2016

Dyma Warchodfa Natur Genedlaethol gyntaf Cymru. Cafodd ei hagor yn 1954 dan wardeiniaeth y botanegwr enwog ac uchel iawn ei barch Evan Roberts – ond roedd Cwm Idwal yn dynfa i ddaearegwyr ac i fotanegwyr ymhell cyn hynny. Yn 1831, ymwelodd un ohonynt, y daearegydd cynnar a dylanwadol Adam Sedgwick, â Chwm Idwal gydag un o'i fyfyrwyr, Charles Darwin. Roedd yr ymweliad yn agoriad llygad i Darwin ac mae'r cwm yn dal i fod yn ddosbarth awyr agored i genhedlaeth ar genhedlaeth o egin-ddaearegwyr hyd heddiw.

Mae *Galwad Cynnar* wedi ymweld â'r cwm nifer o weithiau, a dim rhyfedd – yn ogystal â'i gyfoeth daearegol a botanegol, bu Cwm Idwal yn swyddfa awyr agored i Hywel 'Yr Hirgoes' Roberts, un o gewri'r rhaglen, am rai blynyddoedd. Roedd yn warden yno, a hyfryd yw cofio'r teithiau gawson ni yn ei gwmni i fyny'r cwm a'i gyflwyniad, gam wrth gam, i brif nodweddion y tirwedd o'n hamgylch yn ddifyr tu hwnt bob tro. A dyna i chi eglurhad Geraint George, wedyn, o'r modd y bu i rewlifoedd anferthol naddu a siapio'r cwm dros ganrifoedd gwynion oesoedd yr iâ, yn codi llen ar ôl llen ar ddirgelion yr hen greigiau, gan droi dros 450 miliwn o flynyddoedd yn naratif gofiadwy a hawdd ei ddeall.

Daw trysorau eraill i'r cof hefyd, fel y goeg-ddadl frwd rhwng Twm Elias a Geraint George – y naill yn canmol rhagoriaethau chwedloniaeth a'r llall yn mynnu mai trwy wyddoniaeth yn unig y daw dyn i adnabod 'rhen fyd 'ma'n iawn.

Erbyn hyn mae Hywel wedi ymddeol (yn gynnar, wrth gwrs) a Roberts arall yn gwarchod y cwm. Tybed oes 'na ryw ofnyniad swyddogol, rhyw orchymyn oddi fry, bod yn rhaid i wardeiniaid Cwm Idwal fabwysiadu'r s'nâm 'Roberts'? Beth bynnag, buan iawn y daeth y warden presennol, Guto Roberts, yn un o deulu *Galwad*, a dyma fo yn disgrifio rhinweddau meddyginiaethol rhai o blanhigion y cwm.

GERALLT   Mae 'na waith ymchwil diweddar yn dangos ein bod ni wedi anghofio am werth meddyginiaethol rhai o blanhigion y mynydd – ac mae hynny wedi bod ar flaen dy feddwl di'r wythnos yma ...

GUTO   Ydi. Yn digwydd bod, roedd ganddon ni ymwelwyr o Brifysgol Michigan draw – maen nhw'n dod bob dwy flynedd, a myfyrwyr sy'n astudio meddyginiaeth ydyn nhw. Mae eu hathro nhw, chwarae teg iddo fo, yn dweud wrthyn nhw ei bod yn bwysig astudio hanes meddyginiaeth, ac maen nhw'n gofyn am rinweddau meddyginiaethol y planhigion 'dan ni'n eu cael ar y mynydd. Mi wnes i chydig bach o ymchwil achos 'mod i'n un o'r rhai sydd wedi anghofio gwerth y petha 'ma, ond mae faint o rinweddau meddyginiaethol sydd yn y planhigion y bysach chi'n weld, jyst wrth gerdded o'r maes parcio hyd at Lyn Idwal, yn rhyfeddol. Mae 'na un sy'n dod i'r brig, yn llythrennol – ac mi ddo i at hwnnw wedyn – ond mae'r grug yn ardderchog. Mae dau fath o rug [yn cael eu crybwyll mewn astudiaeth], y grug mêl a'r grug clochog, ac un o'r pethau sydd mewn grug ydi tannin. Mae tannin yn ofnadwy o dda at gyflyrau stumog. Mae grug hefyd yn draddodiadol yn cael ei ddefnyddio ar gyfer cryd y cymalau a gowt, ac yn cael ei wneud yn de, neu ei ychwanegu i ddŵr y bàth er mwyn lleddfu poenau. Rydach chi'n medru defnyddio pennau'r blodau i drin llosg eira hefyd. Roedd yr hen bobol yn defnyddio gwahanol rannau o'r planhigyn grug ar

Guto Roberts, Warden Cwm Idwal

wahanol adegau o'r flwyddyn – roedd annwyd yn cael ei drin efo te grug, ac mae 'na stori fach ddiddorol am y grug yn Norwy, lle roeddan nhw'n credu bod y grug yn gallu arafu neu atal gwaedu. Maen nhw'n meddwl bod y gred wedi dod o weld yr eirth yn rhwbio mewn grug ar ôl bod yn ymladd.

Planhigyn arall sy'n dod i amlygrwydd rŵan ydi'r llus – mae'r llus yn ofnadwy o dda tuag at y golwg. Yn yr Ail Ryfel Byd roedd peilotiaid yn bwyta jam llus cyn hedfan ac roedd o'n gwella'u golwg nhw gyda'r nos. Mae hyn wedi cael ei brofi'n wyddonol – gan fod 'na gymaint o wrthocsidyddion yn y llus, maen nhw'n credu 'u bod nhw'n ehangu'r capilarïau, gan gynnwys capilarïau'r llygaid, fel bod y gwaed yn llifo'n well.

GERALLT   Mae'r archfarchnadoedd yn sigo dan bwysau llus sydd wedi'u tyfu draw yng Ngwlad Pwyl a gweddill gwledydd Ewrop, ac yn cael eu bwyta fesul tunnell erbyn hyn, mae'n siŵr, ond mae llus cynhenid, llus y mynydd, yn wahanol – yn fân ac yn llawer mwy blasus!

GUTO   O, ydyn. Mae rhinweddau meddyginiaethol iddyn nhw: cryfhau'r galon ac ati, ond 'swn i'n meddwl efo llus y mynydd bod lot o'r budd yn dod o'r ymarfer corff dach chi'n wneud i fynd i'w casglu nhw!

GERALLT   Soniaist ti fod 'na un planhigyn ar y brig, yn llythrennol?

GUTO   Oes, ac yn digwydd bod yn y Gymraeg mae ganddo fo enw sy'n cynnig ei hun i fod yn feddyginiaethol: pren y ddannoedd neu'r *rose root*. Mae hwn yn andros o blanhigyn – dwi wedi gwneud chydig o ymchwil arno fo. Mae o wedi bod yn cael ei ddefnyddio drwy hanes Ewrop, ac roedd y Llychlynwyr yn dibynnu ar y planhigyn yma i wella'u cryfder corfforol a'u stamina. Roedd y rhai oedd yn rheoli China yn gyrru pobol i Siberia i ddod â'r gwreiddyn aur 'ma yn ei ôl ar gyfer meddyginiaeth. Mae'r rhestr yn anferth – mae o'n help i drosglwyddo seratonin drwy'r corff, sy'n helpu efo iselder, ac yn yr un ffordd efo *stress*;

mae o'n gwella'r cof, gwella problemau efo'r galon – mae hyn i gyd wedi cael ei astudio'n fanwl, yn enwedig yn Rwsia. Pan oeddan nhw'n cystadlu yn erbyn yr Unol Daleithiau i fynd â phobol i fyny i'r gofod, mi wnaethon nhw andros o ymchwil i'r planhigyn yma er mwyn gwella'u gofodwyr.

GERALLT   Tydi o ddim yn ofnadwy o gyffredin, ond tasa rhywun yn gweld hwn yn tyfu rŵan ym mynyddoedd Cymru, sut fasat ti'n ei ddisgrifio fo?

GUTO   Mae o'n blanhigyn reit llawn, yn gnawdiog, ac mae ganddo fo glwmpyn o flodau melyn euraid ar y top. Fel arfer mae o'n reit amlwg – os dach chi'n sbio ar y llethrau, mae o'n tyfu yn eitha tal o'i gymharu â'r planhigion eraill o'i gwmpas o.

Llyn Idwal

91

Keith Jones

Mi o'n i'n fyfyriwr ym Mhrifysgol Bangor bron i ugain mlynedd yn ôl pan ddaeth fy narlithydd, Geraint George, ataf a gofyn oeddwn i ffansi cael *go* bach ar y radio. Wnes i ddim gofyn dim mwy ar ôl dweud 'Duw, pam ddim?' a dyna oedd fy 'Ngalwad' i. Dwi wedi dysgu gofyn mwy erbyn hyn!

Bron iawn i ugain mlynedd yn ddiweddarach a dwi'n dal yno ... yn dal i edrych ymlaen at yr e-bost gan Sandra neu Gwenan yn holi 'wyt ti yn rhydd ar y dyddiad yma ...?' Wedyn, gweld pwy sydd ar y *running order* – neu pwy fyddwn i'n cael sgwrs (a chael hwyl) efo nhw ar yr awyr yn sgwrsio am bethau mawr, bach, pluog a blewog. Cael laff, mewn geiriau eraill!

Yn y blynyddoedd cyntaf byddai pawb yn disgwyl am y 'bocs du' gyda'r llythrennau 'BBC' yn fawr mewn arian ar ei ochrau. Bocs *official* iawn. Bocs oedd hwn gyda thrysorau'r wythnos ynddo – cylchgronau a phapurau newydd di-rif. Bocs yr oedd Mr Cynhyrchydd (Aled) yn ei adael yn y tŷ acw ... ond roedd dipyn bach gormod o bethau am blydi adar ynddo fo i mi. Dwi'n amau'n gryf iawn fod Mr Cynhyrchydd yn hoffi'r pethau pluog yma'n fwy na phethau eraill ... ac fel plentyn bach styfnig fyswn i ddim yn codi stori am adar ar yr awyr. Dros y blynyddoedd roedd y bocs yn llenwi mwy a mwy efo pethau'r plu, a finna'n mynd yn fwy a mwy penstiff nes y byddwn, weithiau, yn crafu am stori nad oedd yn cynnwys blydi adar o waelodion y bocs. Yn ddistaw bach, ro'n i hefyd yn gwybod y bysa Iolo neu Kelvin yno i fynd ar ôl y sgwarnogod rheiny. Dwi wedi trafod amryw o straeon am adar ar ôl i'r bocs fynd!

Fy swydd gyntaf ar ôl gadael y brifysgol oedd warden i'r Ymddiriedolaeth Genedlaethol ar yr Wyddfa (y swydd ro'n i ei heisiau ers i mi fod yn ddeg oed!) ac fel mae fy ngyrfa wedi tyfu mae *Galwad* wedi bod yno. Mae'r swydd wedi mynd â fi o amgylch y byd a dwinna wedi ffonio i mewn i'r rhaglen yn rheolaidd o wledydd fel Awstralia, Seland Newydd, yr Almaen ac yn y blaen, yn teimlo dipyn bach fel 'fforin corespondant', yn aml yn sôn am y pethau cadwriaethol ro'n i yn eu gwneud ar y pryd.

Dwi bron iawn wedi methu cyrraedd dwy raglen ro'n i i fod i gymryd rhan ynddyn nhw dros y blynyddoedd. Roedd un o'r rheiny yn achos o ffidlan efo'r larwm y noson cynt, a chanodd y larwm am bum munud i saith a finna i fod yn y stiwdio am saith. Yn y diwedd, rhyw ddeng munud yn hwyr o'n i, ond roedd fy ngwallt fel crib ceiliog ac ro'n i wedi anghofio rhoi trôns amdanaf! O leia roedd gen i drowsus ... ond mi fu'n rhaid i mi wrando ar Iolo yn tynnu fy nhoes am weddill y rhaglen. Erbyn hyn, dwi ddim yn cyffwrdd y cloc larwm! Yr ail dro, mi ges i byncjar yn y car – ond dim fy mai i oedd o. Ddeudis i ddim gair ar y pryd, ac roedd hyn rai blynyddoedd yn ôl, ond un o 'nghyd-gyflwynwyr oedd yn gyfrifol. Ro'n i'n gyrru'r car ddim yn bell o Ysbyty Gwynedd, ac mi dynnon nhw allan o 'mlaen i heb fy ngweld, nes i mi orfod mynd ar ben y pafin. Mi ges i dwll yn y teiar – ond mi fyswn i wedi cael lle mewn tîm F1 ar sail yr hyn wnes i y bore hwnnw. Munudau gymerodd hi i mi newid y teiar, ac mi o'n i'n edrych fel dyn glo yn mynd i mewn i'r stiwdio. Ond unwaith eto, ro'n i yno, er i mi edrych yn ddig am tua pum munud ar fy nghyd-gyflwynydd, oedd ddim callach am yr hyn ddigwyddodd ac yn gwenu'n glên arna i!

Mae fy niddordebau amgylcheddol wedi cael eu cefnogi gan *Galwad Cynnar*, sydd wedi rhoi lle i mi fynd ar ôl sgwarnogod newydd bob hyn a hyn. Dwi wedi bod yn siarad am ddifa *Rhododendron ponticum* am flynyddoedd rŵan, ac am newid hinsawdd a'i effaith ar Gymru a'r byd. Dwi wedi gweld y newid yn ein hinsawdd ers i mi ddechrau ar y rhaglen: pethau'n mynd yn waeth a gwaeth a'r effeithiau yn dod yn fwy a mwy amlwg, a dwi wedi sylwebu ar hynny drwy lens *Galwad Cynnar*. Mi ffoniais i mewn i *Galwad* o Baris pan oeddwn yn mynychu'r CoP21 (cynhadledd y Cenhedloedd Unedig ar hinsawdd yn 2015) i rannu'r gobaith a'r brwdfrydedd oedd yno yn dilyn arwyddo'r cytundeb mawr hwnnw. Hwn oedd y cyfarfod pwysicaf yn hanes newid hinsawdd, ac roedd *Galwad* yno efo fi. Ro'n i'n rhannu'r hyn roedd darnau eraill o'r byd yn ei brofi, yn enwedig ynysoedd y Môr Tawel.

Ar ôl i Mr Cynhyrchydd (Aled) ymddeol, ac i Geraint George ein gadael, mi gollodd y rhaglen rywbeth i mi – ar lefel bersonol, hynny ydi. Doedd o'n ddim byd i wneud efo'r rhaglen (a dwi ddim wedi methu'r bocs du pluog hwnnw o gwbl!). Mae popeth yn newid, a dwi'n falch o ddweud 'mod i wrth fy modd efo'r strwythur newydd gyda llond stiwdio o bobol glyfar (a finna efo nhw hefyd ...) Dwi'n chwerthin, yn cael fy syfrdanu ac yn dysgu lot yn y cefndir pan fydd un o'r selogion yn dweud ei ddweud, ac mae hynny'n werth y byd i mi.

Mi fydda i'n dysgu rhywbeth newydd ar bob rhaglen ... da de!

Dwy Afon

2011

Yr unig beth cyson mewn bywyd, yn ôl yr athronydd Groegaidd Heraclitus o Ephesus, yw newid. Mae'n cymharu bywyd i afon – ac mae'r gymhariaeth yn gweithio'r ddwy ffordd, wrth gwrs. Heblaw am bresenoldeb dŵr (ac mae hwnnw'n newid drwy'r amser: newid ei rym, newid ei liw, newid ei gwrs a'i gyfansoddiad) yr unig gysondeb mewn afon mewn gwirionedd, fel mewn bywyd, ydi newid. Mae pob afon yn gadwyn gyson o newidiadau. Sut aflwydd, felly, mae cyfleu'r cyfan sydd i'w ddweud am y gadwyn honno mewn un rhaglen, neu ddwy, hyd yn oed? A'r hiraf yn y byd ydi'r gadwyn, wrth gwrs, y mwya'n y byd sydd i'w ddweud. Ac yn achos Galwad Cynnar, roedd gofyn recordio'r cyfan, os yn bosib, mewn un diwrnod ac o fewn oriau gwaith y dyn sain ... jest i wneud bywyd yn ddiddorol, 'de.

Ar ddechrau haf 2011 daeth Iwan Arwel, ymchwilydd newydd Galwad Cynnar ar y pryd, ata i ac awgrymu y byddai gwneud rhaglen am ambell afon yn ddiddorol. A pham lai? Wel, yr ateb yw 'gweler uchod' chwedl sawl llith swyddogol. Ond ar y llaw arall, os ydi 'yr uchod' yn awgrymu llu o broblemau, mae o'n cynnig tipyn o sialens hefyd. Felly, ia – pam lai? Dyma benderfynu ar ddwy afon, y naill yn y gogledd a'r llall i lawr tua'r de.

Doedd trafod afonydd ddim yn beth dieithr i Galwad Cynnar, cofiwch, gan i ni eisoes grwydro rhannau o lennydd sawl afon ac afonig. Afon Dwyfor oedd un, gan gychwyn ger bedd Lloyd George. Roeddan ni wedi recordio ar lan afon Gamlan, un o isafonydd afon Mawddach, hefyd, ac ar aberoedd afonydd Glaslyn, Dwyryd, a Dyfi. Roeddan ni wedi recordio rhaglenni ar lan afon Ystwyth yng Nghwmystwyth, ac o amgylch Ynys Seiriol sydd yng ngheg ogledd-ddwyreiniol afon Menai (wel, mae hi yn fath o afon), ynghyd â chynnwys nifer o eitemau am y Fenai ei hun yn Galwad dros y blynyddoedd. Ac wedi darlledu yn fyw o Lan-llyn, gwersyll yr Urdd ar lan Llyn Tegid ger y Bala, hefyd – a darlledu, yn wir, o fwrdd cwch bach ar y llyn

Dŵr yn croesi dŵr – afon Dyfrdwy a thraphont Froncysyllte

ei hun, y llyn mae afon Dyfrdwy yn llifo trwyddo. Roeddan ni wedi trafod bywyd gwyllt glennydd ac aberoedd nifer o'n prif afonydd ni yn y rhaglenni stiwdio hefyd, gydag adroddiadau Pierino Algieri o lannau afon Conwy, er enghraifft, a Llinos Richards (rheolwraig y warchodfa bryd hynny) o Gilgerran ar lan afon Teifi. Ac wedi'r cyfan, un o gyfranwyr selocaf *Galwad* oedd Dyfrig 'Dwrgwns' Jones, un o arbenigwyr pennaf Cymru ar afonydd. Ond doedd gen i ddim cof i ni erioed fentro trafod afon gyfan o'i tharddiad i'w haber mewn unrhyw fanylder ar *Galwad Cynnar*, er mawr syndod i mi. Roedd hi'n hen bryd i ni wneud hynny felly, yn doedd?

Afon Dyfrdwy

Yng Nghymru mae ei tharddiad, ac mae ei haber yn llunio rhan o'r ffin rhwng Cymru a Lloegr. Rhwng y ddau begwn hyn, mae hi wedi llifo a gwingo, llithro a byrlymu drwy ddyffrynnoedd a glynnoedd, ar draws gwastadeddau a thros greigiau am 68 o filltiroedd. Ac wrth wneud hynny, mae hi'n rhan o, neu wedi creu, rhai o'r golygfeydd hyfrytaf yng ngogledd Cymru. Yn ôl y gwybodusion daw enw'r afon hon o'r Frythoneg, ac mae o'n cyfieithu'n fras yn 'afon duwies' neu 'afon y dduwies' – nid enw anaddas arni.

Serch hynny, rhyw gychwyn digon di-nod a chorsiog sydd iddi. Mor ddi-nod ydyw fel prin y gwlychech chi'ch traed wrth sefyll ynddi yn nhraed eich sanau. Edrychwch ar fap go fanwl ac mi welwch linell las, fain, yn cychwyn ei thaith yn y gors o dan Garreg Lusog ar waelod llethrau'r Dduallt. Mae hynny ryw hanner ffordd, yn fras iawn, rhwng Dolgellau a Llanuwchllyn. Prin y gwelwch chi'r llinell wrth iddi droelli trwy goed Dolydd yr Afon, ond mae hi'n dechrau tewychu tipyn bach wrth dynnu Nant Ddu a Nant Derlwyn i'w llif, a thewychu eto wrth lyncu dyfroedd afon Dwrhudol, afon Lliw, ac afon Twrch. Yn linell drymach erbyn hyn, mae hi'n llifo i mewn i Lyn Tegid ac, yn ôl y chwedl, yn teithio drwy'r llyn heb golli diferyn o'i dŵr na'r un tamaid o'i phurdeb chwaith. Tipyn o gamp hyd yn oed i dduwies, ddwedwn i.

Prin ei bod hi wedi gadael Llyn Tegid nad ydi'n llyncu afon arall – afon Tryweryn, sydd ei hun wedi llithro trwy Lyn Celyn, wrth gwrs. Mae'n parhau i dynnu isafonydd a nentydd i'w llifeiriant: i afon Dyfrdwy mae afon Alwen yn rhedeg, ac afonydd Ceiriog, Clywedog ac Alun ymysg eraill. Mae hi'n crwydro am rai milltiroedd i Loegr, gan gyffwrdd ffiniau Sir Amwythig a Chaer cyn gwyro yn ôl tua Chymru, a'i haber llydan.

Trafod yr afon hon i gyd – ei dyfroedd llonydd a'i llifogydd, ei throelli a'i berwi a'i rhediadau araf, ei glendid a'i llygredd; y gadwyn fythol-gyfnewidiol o gynefinoedd gwyllt a dynol sydd arni, ynddi ac o'i hamgylch – mewn un rhaglen? Go brin. Roedd gormod i'w ddweud, ac allen ni ddim gwneud cyfiawnder â'r afon. Gwpwl o flynyddoedd ynghynt, ro'n i wedi cynhyrchu cyfres Saesneg, *Rivermap*, yn dilyn taith Jim Perrin, yr awdur-deithiwr-fynyddwr enwog ac athrylithgar, i fyny'r afon o'i haber i'w tharddiad – ond cyfres o chwe rhaglen oedd honno. Fedrwn i ddim gwasgu mwy na dwy *Galwad Cynnar* allan o'r amser (a'r gyllideb) oedd gen i y tro hwn. Dwy raglen amdani, felly, a dechrau yn y dechreuad, fel petai. A recordio'r cyfan mewn diwrnod, ac eithrio un sgwrs rhwng Kelvin Jones a Iolo Williams ger cydlifiad afon Dyfrdwy ac afon Tryweryn.

Yr unig beth ymarferol i'w wneud oedd recordio mewn pum cam. Felly, roedd 'na siawns y bydden ni'n gallu cael rhyw ddarlun gweddol deg, os cyffredinol, o'r afon.

Ar ddiwrnod braf ym mis Tachwedd 2011, cychwynnodd taith *Galwad* i lawr afon Dyfrdwy ryw ddwy filltir o'i tharddiad ar Waen y Griafolen. Mater o ymarferoldeb oedd hynny, a ninnau'n wynebu taith hir mewn amser byr. Yn gwmni yno i Gerallt roedd dau o selogion *Galwad*, Kelvin Jones a Dyfrig Jones, ynghyd â thri llais newydd i'r rhaglen: y brodyr Gethin ac Arwel Morris, Gethin yn Swyddog Pysgodfeydd gydag Asiantaeth yr Amgylchedd ac Arwel yn gweithio i Barc Cenedlaethol Eryri; a Bill Taylor oedd, ymhlith llu o ddyletswyddau eraill, yn warden tymhorol ar Lyn Tegid.

> Mae 'na ran go hir o'r aber o Point of Ayr a Talacre i fyny i Gaer, wedyn i fyny'r afon o gwmpas Bangor Is-coed, mae'r afon yn droellog iawn, a hefyd i fyny am ardal Llangollen. Mae'r dŵr yn symud yn gyflym iawn yn yr ardal honno. Wrth iddi gyrraedd i fyny at Glyn Dyfrdwy wedyn, mae hi'n slofi i lawr, sy ddim yn nodweddiadol o afon. Fel arfer, mae'r dŵr cyflym yn y top, ac mae hi'n slofi fel mae hi'n mynd i lawr; ond yn afon Dyfrdwy mae'r deng milltir ucha'n reit araf, a tydi hi ddim yn mynd lawr lawer yn 'i huchter.
>
> **Gethin Morris**

ARWEL   Mae llif y dŵr i fyny'n fan hyn, ac yn yr isafonydd eraill, yn effeithio ar lefelau'r dŵr yn Llyn Tegid. 'Dan ni'n sylwi, wrth rwydo gwyniaid hefo'r Asiantaeth a'r Cyngor Cefn Gwlad, bod lefelau'r llyn yn mynd i lawr yn naturiol yn ystod y tymor. Beryg iawn ein bod ni'n colli lot o'r wyau dros y tymor – mae'r gwyniad yn claddu yn gynnar yn y tymor, wedyn mae lefel y dŵr yn y llyn yn mynd i lawr, a dwi'n siŵr ein bod ni'n colli rhai degau o filoedd o wyau oherwydd hynna.

Mae'n ddiddorol sylwi pa mor bwysig yw natur y gro yn yr afon i'r gwahanol rywogaethau o bysgod sy'n mynd i dorri *redds* yn yr afon. Dros y blynyddoedd, mae pobol wedi trio stopio erydiad y glannau, ond yr erydiad hwnnw sydd yn rhoi'r gro i'r afon. Ac mae'r cysylltiade yma yn rhywbeth mae'n rhaid i bobol fod yn ymwybodol ohonyn nhw.

Dyfrig Jones

GERALLT   Kelvin, hefo'r holl waith teneuo sydd wedi bod ar y goedwig o'n cwmpas ni, pa gyfleoedd sydd yma rŵan i adar?

KELVIN   Mae gen ti gynefin newydd hollol – ty'd yma'r gwanwyn nesa ac mi fydd crec yr eithin yma, a chlochdar y cerrig ... mae o'n mynd i fod yn

Dyfrdwy ger pont Llandderfel

lle bendigedig i'r grugieir duon sy'n uwch i fyny na ni yn y fan hyn. Mae bod tinwen yn lecio lle fel hyn, a'r dylluan glustiog. Ond heddiw, mi ydan ni'n mynd i ddilyn yr afon o'r fan hyn i'r môr a sylwi ar y ffordd mae'r cynefinoedd yn newid ar ei hyd hi a'r ffordd mae gwahanol boblogaethau o adar yn manteisio ar wahanol dameidiau o'r afon.

Mae gweld pysgodyn yn paratoi lle yn y gro mân i gladdu wyau yn olygfa anhygoel. Mae 'na gymaint o bysgotwyr yn pysgota'r afon a tydyn nhw erioed wedi gweld y ffasiwn beth yn digwydd ... Fel popeth, y fanw sy'n gwneud y gwaith. Mae hi'n torri twll drwy droi ar 'i hochr, a defnyddio'i chorff a'i chynffon a symudiad y dŵr i symud y grafel i wneud y twll. Wedyn, mae'r gwryw yn dod at ei hochr hi – mae hi'n gollwng yr wyau ac mae o'n eu ffrwythloni nhw, cyn iddi hi symud ymlaen a gwneud yr un peth eto jest uwchben y twll, a chladdu'r wyau. Nid jest un twll fydd yr iâr yn 'i wneud. Mae rhai pysgod yn dodwy eu hwyau i gyd mewn un twll, ond mae eraill yn gwneud tri gwahanol dwll. A phan mae'r iâr yn dodwy bydd sawl ceiliog yno, yn cwffio a hitio'i gilydd ... mae hi'n olygfa fendigedig a deud y gwir.

Gethin Morris

ARWEL   Mae'r llyn yn rhan fawr o dre Bala. Mae cymaint o bobol yn defnyddio be sydd ganddon ni yn y Bala – y siope a'r caffis ac yn y blaen – ond yma at Lyn Tegid maen nhw'n dod. Dyma ydi'r rheswm pam 'u bod nhw'n dod i Bala. Mae ei arwynebedd jest dros bedwar can hectar – llyn naturiol mwyaf Cymru. Mae o dros bedair milltir o hyd a bron iawn i filltir o led, a'i ddyfnder tua 43 medr.

Parc Cenedlaethol Eryri sy'n gyfrifol am y llyn ac o ran ein swyddogaeth ni, mae'n bwysig ein bod ni'n cadw cydbwysedd rhwng cadwraeth a hamdden, ac ar adegau mae o'n weddol anodd – yn enwedig yn nhymor yr haf pan mae pwysau aruthrol ar dwristiaeth, ac mae'r tymor i'w weld yn mynd yn hirach. Mewn llefydd tawel fel hwn – yr Arennig, yr Aran – yn y blynyddoedd dwytha 'ma, mae lot mwy o bobol i'w gweld yn cerdded. Gormod o bobol ar yr Wyddfa a Chader Idris, a phobol yn chwilio am lefydd tawelach, ma' siŵr …

O lan Llyn Tegid, mi aethon ni ymlaen i gyrion Corwen, at lecyn tawel ger y bont enwog. Yno, ryw hanner ffordd rhwng hen eglwys Llangar (lle claddwyd 'yr eneth gadd ei gwrthod') a bualod a thyrcwn Stad y Rhug, ar uniad afonydd Alwen a Dyfrdwy, mi gawson ni gwmni'r hyfforddwr pysgota a chyn-dditectif, Gwilym Hughes. Cwta bum munud ar ôl i ni gyrraedd y man cyfarfod, roedd Gwilym wedi dal cangen las ('*grayling*') deubwys, a rhoddodd gyfle i ni edmygu'r pysgodyn cyn ei ryddhau yn ofalus yn ôl i'w gynefin gwlyb.

GERALLT 'Dan ni wedi bod yn y mynydd – dim ond llancas o afon oedd hi yn y fan yno. Tydan ni ddim ond wedi teithio gwta chwarter awr, ac mae hi'n hogan go fawr fan hyn rŵan.

KELVIN Ydi. Yn yr haf mae gen ti wennol y bondo yn fan hyn, sigl-di-gwt, glas y dorlan – mae 'na fronwen y dŵr yn fan'cw – pob math o betha hollol wahanol i'r hyn sy fyny ar yr ucheldir.

Llyn Tegid

GERALLT Ar ddiwrnod o 'sgota, Gwilym, mae dal pysgod yn bwysig, wrth gwrs, ond dwi'n siŵr bod cael gweld y darlun mawr, y petha eraill sydd o gwmpas yr afon 'ma, llawn cyn bwysiced …

GWILYM Yn aml iawn mi fyddwn ni'n gweld y dwrgi, w'chi, ac mi fydda i'n tynnu 'nghap iddo fo. Dyna i chi 'sgotwr! A welwch chi'r tylla yn y lan fan'cw? Mi fydd gwenoliaid y glennydd yn dod i nythu fan yna … ro'n i'n gweld minc y diwrnod o'r blaen yn trio dringo i fyny yna.

Mae'r afon hon wastad wedi bod yn sbesial iawn. Mae'n f'atgoffa fi o afonydd Cothi a Tywi o ran y grafel ac ati sydd ynddi, a'r cerrig ar hyd ymyl yr afon … Peth arall sy'n fy nharo i, yr un fath ag afonydd de Cymru, yw rhinwedde asidig tirlun yn yr ucheldir, a dylanwad yr afonydd fel maen nhw'n dod lawr. Mae rhinwedd cemegol y dŵr yn newid, ac o reidrwydd, felly, mae'r pryfetach yn newid. Yn y gorffennol, mae 'na brobleme mawr wedi bod rhwng y cyfuniad o'r glaw asidig a'r plannu coed sydd wedi bod ar yr ucheldir, a dylanwad hynny i gyd ar yr ecoleg. Hefyd, wrth gwrs, mae'r cronfeydd sy'n cyfrannu i lif y brif afon yn cael effaith ar yr ecoleg.

Dyfrig Jones

GWILYM Maen nhw'n gollwng y dŵr o waelod Llyn Celyn, o'r dwfn, ac wrth gwrs mae hwnnw'n llawer oerach na dŵr naturiol yr afon. Mae'r *sediments* sydd ynddo fo yn lladd y pryfetach ... yn lladd yr afon am ryw ddau neu dri diwrnod. Tydi'r pysgod ddim yn codi, tydi'r pryfetach ddim yn deor – mae 'na rwbath yn digwydd i'r afon. Ond erbyn i chi gyrraedd Bangor-is-y-coed mae'r dŵr wedi c'nesu'n ôl, ac mae popeth yn iawn o'r fan honno i lawr.

DYFRIG Yr un peth weli di o ran dylanwad y cronfeydd ar ben afon Tywi – yr un math o broblema. Yn hanesyddol, mae rhan ucha afon Tywi yn farw o ran yr ecoleg ... ac wrth gwrs, os cofi di be oedden ni'n drafod yn gynharach o ran yr eog yn taro a'r *redds* yn yr afon ac ati, os oes gen ti fwd neu fawn neu beth bynnag yn cael ei ryddhau o'r cronfeydd, mae'n golygu na fedr yr wyau [mae'r pysgod wedi'u claddu] ddatblygu, ac mae hynny'n effeithio wedyn ar effeithiolrwydd yr afon i'w chynnal ei hun.

Mae gwaith ymchwil yn cael 'i wneud ar hyn o bryd ym Mhrifysgol Caerdydd sy'n edrych ar y probleme a ddaw yn sgil newid yn yr hinsawdd. Maen nhw'n amcangyfrif y bydd dwy radd o newid yn nhymheredd y dŵr yn achosi i ni golli ryw draean o bryfetach yr afonydd. O edrych wedyn ar y pysgod a'r adar a sut mae hynny'n dylanwadu ar bopeth, mae'r newidiade bach yna ry'n ni'n gyfrifol amdanyn nhw yn cael dylanwad anferthol ar ecoleg yr afonydd.

GWILYM Wyddoch chi rŵan, heb y pryfetach 'ma, yndê, fasan ni ddim yma, na fasan? Achos nhw sy'n bwyta'r bacteria yn y dŵr, i'w gadw fo'n bur i ni. Mae o'n ddechrau bywyd, ac mae'n rhaid i ni edrych ar 'i ôl o, yn does ... pwysig iawn.

Edrych i lawr yr afon o bont Corwen

Afon Teifi

Afon Teifi ydi'r hiraf ond un o'r afonydd sy'n llifo yn gyfan gwbl trwy Gymru – hynny ydi, sydd ddim yn crwydro dros y ffin i Loegr ar unrhyw ran o'r daith rhwng ei tharddiad a'r môr. Mae'n afon hir arall, fel afon Dyfrdwy, a chadwyn arall o gyfnewidiadau gyda chyfoeth o fywyd gwyllt arni, ynddi, ac ar hyd ei glennydd. Mae ei pherthynas â'r ddynoliaeth yn ymestyn yn ôl i oes y cerrig – ac mae llawer mwy i afon Teifi na choryglau ac ambell eog, dalltwch.

Doedd ganddon ni ddim gobaith recordio'r cyfan mewn un diwrnod y tro hwn gan fod cymaint mwy o waith teithio o Fangor (a chloc cyllideb y rhaglen yn tician), ond roedd un cyfweliad arbennig yn werth y siwrne o Fangor i Aberteifi ynddo'i hun.

Y tro hwn, roedd y gwaith o ddisgrifio'r afon yn ei chyfanrwydd yn gryno, gan wneud cyfiawnhad â'i chyfoeth naturiol a'i hanes fel ei gilydd, wedi cael ei wneud yn barod i raddau helaeth. Nid ar y radio na'r teledu nac mewn cyfrolau trwchus, ond ar un rholyn hir o bapur cryf ... fel rholyn o bapur papuro.

Map ydi o, a luniwyd gan gyn-bostmon o Aberteifi, Idris Mathias. Dechreuodd ar y gwaith yn y cyfnod llwm hwnnw yn dilyn yr Ail Ryfel Byd, ac fe wnaeth hynny i ddiddanu ei blant ac i roi rhyw syniad iddyn nhw o'u hetifeddiaeth ac o natur eu bro. Mae hwn yn fap lliwgar, hwyliog, sy'n talu ychydig iawn o sylw i reolau cartograffi, ond mae o'n nodi enwau – rhai Cymraeg gan amlaf – pob tro a throbwll, pob rhaeadr a phwll llonydd, pob craig a phob nodwedd arall o bwys yn yr afon ac ar ei glannau. Mae o'n nodi hanes dynol a chwedlonol yr afon hefyd: pwy foddwyd yn lle, y lle gorau i bysgota, cae pwy sydd yn y fan-a'r-fan, bwthyn pwy sy fan acw, ysbryd pwy welwyd ymhle, ac yn y blaen. Ac mae lluniau i ehangu ar y geiriau, o adar, pysgod, coed ac ati. Mae'r rholyn map yn gofnod hanesyddol; ond yn fwy na hynny, mae o hefyd yn enghraifft brin, y dyddiau hyn, o gelfyddyd gwerin go iawn (a pheidiwch â meddwl mai term dirmygus ydi hwnnw, tydi o yn ddim o'r fath beth).

Cofio wnes i, pan oedd Iwan a finna'n trefnu'r rhaglen, fy mod i wedi gweld Idris yn dangos ei fap i Trevor Fishlock ar rifyn o'i gyfres deledu, *Wild Walks*, flynyddoedd ynghynt. Mater oedd o, wedyn, o gysylltu â chynhyrchydd y rhaglen honno, Wil Aaron, i gael rhif ffôn Idris. Iwan ffoniodd y mapiwr, a chael ymateb go ffwr-bwt, cyn iddo gael cyfle i gyflwyno'i hun: *'We are not selling potatoes today'*. Ond pan ymatebodd Iwan yn y Gymraeg, roedd croeso a llawenydd ar ben arall y ffôn. Roeddan ni'n gwybod,

Idris Mathias

Rhan o fap Idris

wedyn, fod y gwrda hwn yn rhywun go arbennig.

Ddyddiau cyn recordio'r brif raglen, i lawr i Aberteifi â ni: Iwan, Richard Durrell, y dyn sain, a minnau, gyda Gerallt i gyflwyno a holi, a Twm Elias yn westai, rhag ofn na fyddai gan Idris ryw lawer i'w ddweud unwaith y gwelai'r meicroffon. Ond, na, doedd hi ddim yn siwrnai seithug.

Pan ddaeth dydd recordio'r rhaglen gyfan, ro'n i wedi penderfynu defnyddio dull gwahanol o recordio y tro hwn. Yn hytrach na'm dull arferol i o ddefnyddio un dyn sain yn unig ar gyfer recordiadau allanol nad oeddynt yn cael eu darlledu'n fyw, dewisais ddefnyddio dau ddyn sain, fel bod modd gwahanu'r criw yn ddau dîm i recordio. Gydag un tîm yn canolbwyntio ar yr afon a'r llall ar ei glannau, y gobaith oedd y byddai hynny'n ein galluogi ni i roi sylw i fwy o agweddau o'r afon mewn amser cymharol fyr.

Agorodd y rhaglen gwta dair milltir o Bontrhydfendigaid, ym mryniau Elenydd, gan mai yno mae afon Teifi yn tarddu o un o lynnoedd Teifi. Wedyn,

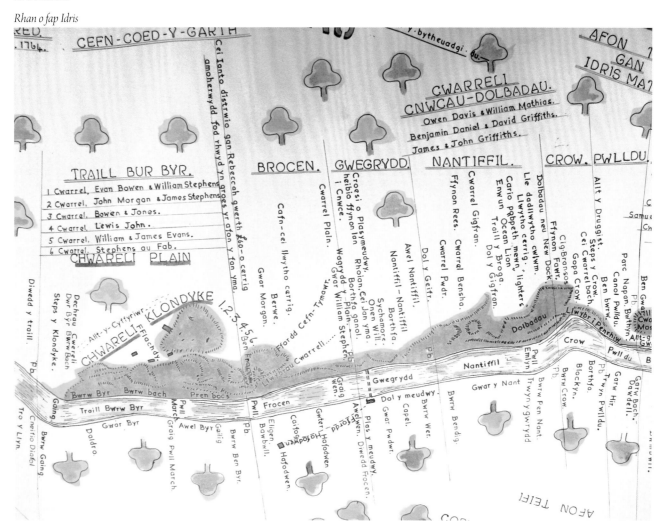

100

gwahanodd y ddau dîm – aeth Iwan Arwel â Gerallt, Hywel Griffiths, y prifardd a'r hydrolegydd, ac Eifion Davies o Asiantaeth yr Amgylchedd, i gyfarfod Nick Bates o glwb canŵio Llandysul ger Pont Llechryd. Emyr Evans oedd y dyn sain. Roeddwn innau, ar yr un pryd, yn gofalu am Dyfrig Jones, Twm Elias, Kelvin a Caradog Jones, cyn-feili'r afon. Richard Durrell oedd ein dyn sain ninnau.

Teithiodd criw Iwan i lawr yr afon mewn dau ganŵ oedd wedi eu cyplysu'n un, tra oedd y gweddill ohonon ni'n canolbwyntio ar y glennydd a chyfarfod ag Eric Davies ar ei ffordd: pysgotwr fu'n cynrychioli Cymru mewn cystadlaethau rhyngwladol. I orffen y rhaglen, roedd pawb i ymgynnull yng Ngwarchodfa Ymddiriedolaeth Bywyd Gwyllt De a Gorllewin Cymru yng Nghilgerran, lle byddai dau arall o'r selogion, sef rheolwr y warchodfa bryd hynny, Llinos Richards, a Daniel Jenkins-Jones o'r Gymdeithas Gwarchod Adar, yn aros amdanon ni.

Gyda chymaint o gyfranwyr a chymaint o afon i'w thrafod, gallai hon fod wedi bod yn hunllef o raglen i'w golygu, mae'n siŵr. Ond gan fod y recordiadau i gyd yn eu trefn, o Elenydd i Gilgerran, mater syml o asio'r ddwy ffrwd, cynnyrch y ddau dîm, ynghyd â'r sgwrs gydag Idris Mathias, oedd hi, a golygu'r cyfan i hyd dwy raglen.

HYWEL   Gychwynnon ni ger llynnoedd Teifi, ble mae'r afon yn tarddu heddiw – ond nid yn fan yna roedd hi'n tarddu mewn gwirionedd cyn yr Oes yr Iâ ddiwethaf. Ar y raddfa ddaearegol, os y'ch chi'n mynd yn ôl ryw ddwy filiwn o flynyddoedd, roedd afon Teifi yn llifo'r holl ffordd o Bumlumon hyd at lle 'dan ni heddiw. Os edrychwch chi ar fap o Gymru, fe welwch chi afon Teifi yn crymanu, os leciwch chi, i'r cyfeiriad yna ... mae afon Rheidol hefyd yn crymanu yn yr un ffordd – mae 'na dro reit sylweddol ynddi ym Mhontarfynach. Wrth i lefel y môr ddisgyn, wrth i Oes yr Iâ ddatblygu ac yn y blaen ... os y'ch chi'n gostwng lefel y môr, mae hynna'n rhoi mwy o ynni i'r afonydd ac maen nhw'n defnyddio hynna drwy dorri mewn i'w gwlâu – a dyna be wnaeth afon Rheidol ac afon Ystwyth, sef torri 'nôl i mewn i'w gwlâu a thorri 'nôl mewn i'r uwchdiroedd. Ac o dipyn i beth, fe gyrhaeddodd afon Rheidol beth y'n ni nawr yn ei alw yn 'proto-Teifi', a dwyn blaen-nentydd afon Teifi a'u cyfeirio nhw i afon Rheidol. Fe wnaeth afon

Ystwyth yr un peth. Felly, mae Afon Teifi yn beth fysen ni'n 'i alw yn 'afon afrwydd', *misfit river* yn Saesneg, sef ei bod hi, erbyn heddiw, yn llai nag y bu hi yn y gorffennol, ac yn fach o'i chymharu â'i gorlifdir a'i dyffryn, sydd wedi cael eu ffurfio gan afon oedd lot yn fwy cyn yr Oes Iâ ddiwethaf.

GERALLT   Un o ble ydach chi yn wreiddiol, Idris?

IDRIS   Aberteifi. Ma' fe wedi mynd nawr – yr hen Fwldan. Maen nhw wedi clirio'r cwbwl off, pob dim. 'Sdim byd o'r hen Aberteifi i ga'l rhagor ... maen nhw wedi brwo'r cwbwl. Ond o'dd 'Nhad yn dod o Gilgerran, ac yn ôl yn y *nineteen thirties* bydden i'n ishte gydag e o fla'n tân, ac o'dd e'n gweud 'thon ni boity enwe'r afon: Pwll y Prior, Pwll y Pysgod, Baw Bwll, a Pwll Du lan fan yna, ti'n gwbod. Ro'dd e'n gweud 'thon ni bod bois, yn y Pwll Du 'na nawr, yn ca'l carreg fawr a neido lawr â'r garreg, i drial cwrdd â'r gwaelod – ond o'n nhw'n ffaelu 'neud o. Wedyn o'n nhw'n gweud 'o, ma' fe'n rhy ddwfn, rhy ddwfn' ... dim ana'l o'dd 'da nhw, t'weld.

CARADOG Alla i ddweud 'thoch chi am y pwll sydd o'n bla'n ni fan hyn nawr – yn y pumdege a'r chwedege, allech chi fod yn siŵr na fydde 'na ddim llai na chwe eog ynddo fe ... ac mae sawl pwll arall lot gwell na hwn. Ond 'u cartre nhw pan o'n nhw'n dod o'r môr oedd Cors Caron, yn enwedig y pysgod cynnar. Wedyn, maen nhw'n sefyll fan yna nes bod yr hydref yn dod, iddyn nhw gael mynd lan i'r nentydd sy'n dod mewn i'r gors. Ond o'dd dim gwell pysgota i'w gael nag o fan hyn lawr. O'dd Llaneon yn enwog iawn, a Pont Gogayan ... mae dau bwll yn Gogayan: Pwll y Wal a Pwll Ysgoldy. Weles i ddysenni o bysgod yn cael 'u dal yna. Beth maen nhw'n galw yn *holding pools* oedden nhw, wedyn mae beth maen nhw'n galw yn *taking pools*, ble roedd y pysgod yn symud mlaen i'r dŵr cyflym i olchi'u *gills*. Os bydde fe yn y pwll uchaf, falle bydde fe â'i ben dan garreg a fase dim gobaith i'w gael e, ond pan fase fe lan fan yna yn chware ac yn dangos 'i asgell, wel, o'ch chi'n go siŵr o gael hwnna. Ond y peth pwysig oedd cwato, ne fydde fe yn eich gweld chi gynta.

ERIC   Mae'n debyg, yn y chwedegau, yn Pwll Camlas o'dd e'n ddim byd i gael ugain o eogied mewn diwrnod. Nawr, y'ch chi'n lwcus ca'l ryw hanner dwsin mewn tymor. Welsoch chi fan yna nawr – o'dd y forfran yna ... fase hi ddim yma os na fydde pysgod yma.

CARADOG   O'dd Clwb Aberystwyth yn arfer talu coron am ben y forfran, achos o'n nhw'n gwneud colled ofnadw ar afonydd Ystwyth a Rheidol ... o'dd dim chwyn yna, achos y gwaith mwyn.

O'dd hwn yn beth o'n nhw'n alw yn *open country* i botsiars pan o'n i'n feiliff ar yr afon 'ma. Ro'n i'n gallu rhedeg yn dda iawn yr amser hynny ... ac os o'n nhw'n dianc, o'ch chi'n cael tipyn bach o'u trowser nhw, achos o'dd digon o wire pigog 'ma, 'chwel. Wedyn o'ch chi'n gwybod pwy o'dd gyda chi, ac o'dd e wedi ca'l niwed. O'dd Cwrt Tregaron yn wahanol i bob cwrt arall, achos pan o'dd beiliff yn colli'r dydd, roedden nhw'n clapo – a choron o ffein oedden nhw'n ga'l fan'ny, lle bydden ni'n ca'l dros ddeg ar hugen yn Llandeilo. Wel, allech chi ddim beio rhai ohonyn nhw, 'chwel, achos o'dd dim amser gyda nhw i fynd i bysgota achos y ffarmo – ond pan o'dd y pysgod gaea yn dod lan, a'u cefne nhw ma's o'r dŵr, wel, teulu mawr ... allech chi'm 'u beio nhw ...

Caradog Jones

GERALLT   Mae 'na ddadlau mawr wedi bod, Hywel, ynglŷn â pham bod afon Teifi yn llifo fel y mae hi.

HYWEL   Oes – roedd tipyn o ddadle 'nôl yn y ganrif ddwytha, yn benodol rhwng dau o enwau

mawr daeareg yng Nghymru: O. T. Jones a D. Q. Bowen yn benodol, am y ceunentydd sydd ar hyd afon Teifi – Cenarth, Henllan, Castell Newydd Emlyn. Pan o'dd Oes yr Iâ ar ei hanterth, ryw ddeugain mil o flynyddoedd yn ôl, roedd O. T. Jones yn credu mai'r ffaith fod Llyn Teifi wedi datblygu rhwng llen iâ Môr Iwerddon a rhewlifoedd Cymru oedd wedi ffurfio'r ceunentydd. Wrth i'r rhewlifoedd grebachu roedd 'na orlif wedi dod o'r llyn, a'r holl ddŵr hwnnw wedi creu'r ceunentydd. Ond y ddadl arall ydi bod y rhewlif ei hunan wedi llunio'r ceunentydd pan oedd y rhewlif yn gorwedd ar ben y tir, sef bod llifogydd o iâ wedi creu'r ceunentydd 'ma, wedyn yn ystod Oes yr Iâ bod y rheiny wedi llenwi gyda dyddodion, a'r afonydd wedyn wedi symyd y dyddodion 'ma o'r ffordd pan giliodd y rhewlifoedd i gyd. Yr wybodaeth ddiweddaraf, dwi'n meddwl, ydi bod y rhewlif wedi llunio'r ceunentydd a bod yr afonydd wedi manteisio ar hynny.

LLINOS   Mae amrywiaeth o gynefinoedd ar warchodfa Cilgerran: mae ganddon ni ardaloedd o gors, coetir, glaswelltir, a hen chwareli a chwareli llechi – ac mae'r afon, wrth gwrs, yn rhedeg trwyddo'r cyrs hefyd.

DANIEL   Mae'r cyrs yn gynefin pwysig iawn, a'r adar sydd wedi addasu i fyw ynddyn nhw yn adar arbennig iawn. Mae aderyn y bwn wedi cael 'i weld yma yn y gorffennol; telor y cyrs hefyd, a thelor yr hesg, a'r telor Cetti. Mae telor Cetti gyda ni drwy'r flwyddyn yn ne Cymru ac yn clochdar yn uchel iawn …

Daniel Jenkins-Jones

Mae'n 6 o'r gloch ar fore Sadwrn, 'nôl ar ddechrau'r 90au. Dwi yn BBC Abertawe, ac yn sydyn iawn mae rhyw sŵn aflafar yn dod o gornel y swyddfa. Diolch byth! Mae goleuadau'r peiriant ffacs yn goleuo a stribed o bapur tenau yn glanio ar y ddesg. Mae manylion y tywydd i gerddwyr ar gyfer y penwythnos 'di cyrraedd. Rhaid eu cyfieithu ar ras (roedd meistroli geirfa feterolegol yn brofiad newydd i mi) a'u rhoi yn nwylo'r cyflwynydd cyn gynted â phosib.

Roeddwn i'n ddiolchgar, fel cynhyrchydd ifanc, mai dyna oedd y pwysau mwyaf oedd arnaf ar fore darlledu *Galwad Cynnar*. Roedd gwaith paratoi'r amserlen wedi'i wneud yn ystod yr wythnos, ac unwaith y byddai'r golau coch wedi'i oleuo a'r rhaglen ar yr awyr, fe droesai pob dim yn fwy hamddenol. Richard Rees oedd wrth y llyw bryd hynny – llais melfed, a Mr Cŵl ei hun. Dwi'n cofio y byddai Rich yn mynnu bod goleuadau'r stiwdio wedi'u diffodd pan oedd e'n cyflwyno *Galwad Cynnar* ac mai 'mond lamp fach oedd yn goleuo'r ddesg. Roedd hynny'n creu'r awyrgylch dawel oedd yn gweddu'r rhaglen, medde fe, a dwi'n siŵr bod hynny wedi'i drosglwyddo i'r gwrandawyr adre.

Roedd *Galwad* yn un o'r rhaglenni prin hynny y byddech chi'n gallu ei chynhyrchu yn y stiwdio a'i mwynhau fel tasech chi'n wrandawr adre ar yr un pryd. Non Vaughan Williams oedd prif gynhyrchydd y rhaglen bryd hynny, ond roeddwn i'n neidio ar y cyfle i'w chynhyrchu o bryd i'w gilydd, hyd yn oed os oedd hynny'n golygu gorfod codi am 5 o'r gloch ar fore Sadwrn.

Chwarter canrif yn ddiweddarach, dwi nawr yn cael y pleser o ymddangos o dro i dro ar y rhaglen ar ochr arall y meicroffon, naill ai yn y stiwdio neu allan ar leoliad. Dwi'n cofio treulio diwrnod godidog yn recordio rhaglen arbennig ar Ynys Dewi ac yna gyrru adre wedi gadael fy mhâr o finociwlars ar do y car. Weles i fyth mohonyn nhw eto!

Un peth sydd heb newid ar *Galwad Cynnar* dros y blynyddoedd yw safon yr arbenigwyr sy'n ymddangos ar y rhaglen yn wythnosol. Mae eu gwybodaeth ryfeddol am agweddau gwahanol ar fyd natur a garddio heb ei hail. Ry'n ni'n lwcus iawn i gael pobol sy'n medru siarad â chymaint o awdurdod, arddeliad ac angerdd yn wythnosol ar BBC Radio Cymru.

'Dyw hynny ddim i ddweud bod y rhaglen wedi sefyll yn ei hunfan. Mae hi wedi esblygu yn naturiol ers fy nghysylltiad cyntaf â hi. Mae'n braf gweld mwy o sgwrsio a llai o gerddoriaeth. Mae 'na ddarllediadau allanol uchelgesiol nawr, gan gynnwys rhaglenni o flaen cynulleidfa. Does dim rhaid i'r cynhyrchwyr gyfieithu'r tywydd i gerddwyr ben bore mwyach – mae'r wybodaeth honno nawr ar flaenau bysedd pawb ar ffonau symudol. A phwy yn ei iawn bwyll sy'n defnyddio peririant ffacs dyddiau 'ma?! Hir oes i *Galwad Cynnar*!

103

Dilyn yr Elyrch
Rhagfyr 2016

Bu i Dr Elinor Young o'r Wyddgrug dreulio cyfnod yn gefnogaeth feddygol ar daith epig Sacha Dench, *Flight of the Swans*, fu'n dilyn llwybr ymfudo elyrch Bewick mewn *paramotor* o Rwsia bob cam yn ôl i Loegr, i warchodfa adar y Wildfowl & Wetlands Trust yn Simbridge, swydd Gaerloyw. Cafodd *Galwad Cynnar* dair sgwrs efo hi, yr olaf o'r rheiny ar ôl iddi gyrraedd adref i Gymru.

ELINOR   Y tro cynta i ni sgwrsio, ro'n i ar y ffordd i ogledd Rwsia. Y pellaf aethon ni oedd jyst i'r de o ardal Siberia, lle o'r enw Mezer – lle reit anghysbell a dweud y gwir.

GERALLT   Mi gawson ni sgwrs efo chdi hefyd tua hanner ffordd – lle oeddat ti bryd hynny – rwla yng nghyffiniau Gwlad Pwyl?

ELINOR   O'n, ro'n i yng Ngwlad Pwyl, ac mae hi'n braf iawn bod yn ôl yng Nghymru!

GERALLT   Wrth edrych yn ôl ar yr antur anhygoel yma, y cwestiwn amlwg ydi sut aeth hi a pha atgofion sydd gen ti?

ELINOR   Y peth fydda i'n ei gofio fwya ydi jyst bod yng ngogledd Rwsia mewn llefydd mor anghysbell, llefydd na fyswn i byth wedi mynd fel arfer. Mynd i bentrefi lle roedd y bobol yn eitha swil i gychwyn ... doeddan nhw ddim wedi gweld pobol o Ewrop na Phrydain ers ugain mlynedd, rhai ohonyn nhw, ond roeddan ni'n cael croeso mawr ganddyn nhw. Gweld y *Northern Lights*, cael gwersylla yng nghanol nunlle yn y goedwig, cael mynd ar awyren fach *microlight* – ia, antur go iawn oedd hynny yn Rwsia. Rheina ydi'r petha y gwna i eu cofio fwya – hynny a'r bobol ddiddorol wnaethon ni eu cyfarfod ar y ffordd.

GERALLT   Sut oedd y bobol hynny oedd heb weld rhywun fel ti o'r Gorllewin ers ugain mlynedd yn ymateb i chi?

ELINOR   Roedd y plant wrth eu boddau, yn rhedeg o gwmpas efo fi a'r gwirfoddolwyr eraill, ond roedd yr oedolion yn dal yn ôl chydig bach. Y bobol yn Rwsia oedd y bobol mwya cyfeillgar – dwi'n cofio glanio mewn rhyw gae, jyst y peilot a fi, a neb o gwmpas heblaw un ddynes mewn tŷ bach. Roedd hi'n oer iawn ac roeddan ni'n chwilio am goed i wneud tân, ond mi wnaeth hi ein gwahodd i mewn am baned a gwneud tua cant o grempogau i ni! Dyna'r math o garedigrwydd oeddan ni'n gael, yr holl ffordd a dweud y gwir.

GERALLT   Mae hynny'n rhoi hwb i'r galon, yn tydi, meddwl am garedigrwydd pobol a chyn lleied ganddyn nhw i'w roi beth bynnag ... 'Dan ni wedi sôn am ddilyn llwybr mudo'r elyrch o Rwsia yn ôl i Slimbridge – be oedd ysgogiad Sacha Dench i ddilyn y llwybr mudo yma?

ELINOR   Dwi'n meddwl bod yr alarch Bewick yn un bwysig iawn yn y byd adar – yn 1964 wnaeth Peter Scott [sylfaenydd y Wildfowl & Wetlands Trust] ddechrau edrych arnyn nhw, ac mae o wedi bod yn gwneud ymchwil ar yr adar yma ers hynny. Maen nhw'n gallu byw hyd at 50 o flynyddoedd, maen nhw'n 'priodi', fel petai, am oes, ac maen nhw bob blwyddyn yn mynd ar y daith yma o Siberia yr holl ffordd yn ôl i Slimbridge. Hon ydi'r alarch leia, dwi'n meddwl, allan o'r grŵp o elyrch, ac mae pob un yn unigryw. Mae gan bob alarch *fingerprint*, fel petai, ar y pig, a dyna sut mae dweud y gwahaniaeth rhwng pob alarch unigol. Maen

Elinor yn y paramotor

Elyrch y gogledd yng Nghymru

nhw'n teimlo ei fod o'n aderyn pwysig iawn, ond ers y nawdegau mae'r niferoedd wedi mynd o rywbeth fel 29,000 o adar i 18,000. Roedden nhw'n gweld yn Slimbridge bod llai a llai o'r adar yn dod yn ôl bob blwyddyn, a dyma pam y gwnaethon nhw'r penderfyniad i fynd ar y daith yma, i edrych be oedd yn digwydd i'r adar a pham bod y niferoedd yn lleihau. I Sacha hefyd, roedd o'n antur fawr i gael gwneud hyn mewn *paramotor* – hi oedd y ddynes gyntaf i wneud y fath daith, a'r ddynes gyntaf i groesi'r sianel wythnos yn ôl mewn *paramotor*.

GERALLT   Mae'n rhaid bod Sacha Dench yn gymeriad penderfynol. Mae'n rhaid bod ganddi gyfansoddiad cadarn iawn i wneud hyn i gyd.

ELINOR   Mae'n rhaid, i wneud y fath daith. Dwi'n siŵr fod lot o bobol wedi meddwl ei bod hi'n hollol boncyrs pan gafodd hi'r syniad, ond yn y diwedd mi wireddwyd y syniad.

GERALLT   Roedd hi hefyd angen meddyg penderfynol i'w chefnogi hi'n feddygol gydol y daith ... mi fydd gen ti atgofion rŵan fydd yn para am byth. Llongyfarchiadau, a chroeso cynnes yn ôl adra ... Twm, roeddat ti'n gwrando'n astud rŵan, ac mae elyrch yn agos iawn at dy galon ditha hefyd ...?

TWM   Ydyn ... 'dan ni'n arfer efo elyrch y gogledd ym Morfa Glaslyn ac yn y blaen, ac mi fydda 'na ryw nifer fechan o'r alarch Bewick 'ma, sydd chydig bach yn llai, efo gyddfau syth ac yn y blaen, yn dod i rai o'r llynnoedd, fel llynnoedd

Cwm Bychan yn y Rhinogydd, ond tydyn nhw ddim wedi bod yn dod yn rheolaidd ers blynyddoedd bellach, sydd yn dangos fel maen nhw wedi lleihau yn eu niferoedd. Tra bod yr elyrch Bewick yn dod o Siberia mae elyrch y gogledd yn dod o Wlad yr Iâ. Mae ganddon ni ddau fath o elyrch gwyllt efo'r pigau melyn 'ma: bôn melyn efo blaen du yn hytrach na'r alarch ddof gyffredin 'dan ni'n gyfarwydd â hi. Mae patrwm y melyn a'r du ar y pig yn hollol unigryw, a be oedd Peter Scott ac eraill yn ei wneud yn Slimbridge oedd tynnu eu lluniau nhw o'r ochr ac o'r blaen, ac wedyn roeddan nhw'n cael proffeil perffaith o unigolyn. Drwy gadw'r cofnodion rheiny dros flynyddoedd maith roeddan nhw'n gallu dod i nabod yr elyrch yn unigol pan oeddan nhw'n dod yn ôl o Siberia, ac yn medru dilyn eu hynt a'u helynt fel roeddan nhw'n magu ac yn y blaen. Mae o'n waith ymchwil rhyfeddol.

Mae mwy o wybodaeth am ymchwil Peter Scott ar elyrch Bewick i'w weld ar wefan y Wildfowl & Wetlands Trust: www.wwt.org.uk/swans/studying-swans. Gallwch ddarllen hanes taith ryfeddol Sacha Dench ar www.flightoftheswans.org

Gardd y Plas

2011

Yn gynnar yn 2011, pan o'n i'n trefnu i fynd i recordio *Galwad* yn Llanerchaeron, plasty bychan ger Aberaeron yng Ngheredigion, ar wahoddiad Keith Jones o'r Ymddiriedolaeth Genedlaethol, siom oedd clywed na fedrai ein garddwraig, Awen Jones, ymuno â ni. Roeddwn i wedi gobeithio clywed barn Awen am yr ardd furog sydd yno, ac ar erddi tai bonedd yn gyffredinol. Ond dim ond rywbeth i'w ddatrys yw problem, felly dyma ofyn i un arall o dîm y rhaglen ddod efo fi i recordio sgwrs am erddi'r hen blastai gydag Awen – ar ddiwrnod arall, mewn gardd arall ... wel, mewn canolfan arddio a dweud y gwir. Dwi'n falch fy mod i wedi gwneud hynny hefyd, a dyma'r sgwrs i chi.

KELVIN Mae Keith Jones wedi sôn am yr hen blastai 'ma, a'r stadau, eu bod nhw'n gweithio fel peiriant drwy'i gilydd; ond roedd y gerddi yn sefyll ar 'u traed eu hunain ac yn cynhyrchu pob math o bethau, yn doeddan?

AWEN Roedd o'n rhyfeddol be roeddan nhw'n gynhyrchu: y bwyd i gyd i'r tŷ, a'r gwastraff i gyd yn dod yn ôl i'r ardd a mynd yn ôl i mewn i'r pridd – roedd ganddoch chi'r cylch hwnnw. Wedyn roedd gofynion ... be oedd yn rhaid iddyn nhw 'i dyfu yn y llefydd 'ma, i ffitio i mewn hefo be oedd mistar y tŷ isio ar y bwrdd amser y Dolig ... y pinafalau a ballu. Roedd o'n rhyfeddol sut roeddan nhw'n gallu cynnal eu hunain, nid yn unig drwy roi maeth i'r pridd – roedd y ffermydd yn cael eu tynnu i mewn i hynny – ond hefo'r hadau hefyd o flwyddyn i flwyddyn. Roeddan nhw'n gwybod sut i hel a chynhaeafu'r hadau a chadw'r gwahanol fathau yn bur ... roedd yr wybodaeth yna ganddyn nhw hefyd.

Yr ardd furog ddwyreiniol

KELVIN   Ond ydi'r wybodaeth yna wedi'i cholli erbyn heddiw, neu ydi hi'n dal ar gael?

AWEN   Rydan ni wedi mynd braidd yn ddiog, a mynd i ddibynnu ar y cwmnïau had. Ond bryd hynny roedd yn rhaid iddyn nhw wybod. Roedd y pen-garddwr yn frenin ar y deyrnas werdd, nid yn unig yn y gerddi llysiau ond tu allan a thu hwnt hefyd, ac yn gorfod gwybod sut i gynnal, sut i dyfu, sut i gadw'r gwahanol fathau o hyn a'r llall i fynd, rhag 'u colli nhw.

KELVIN   Ond roeddan nhw yn tyfu pinafalau a phob math o betha …

AWEN   Oeddan. 'Keeping up with the Joneses' go iawn, 'de! Roedd 'na gystadleuaeth rhwng y tai mawrion 'ma ynglŷn â be fedran nhw dyfu, a pha mor dda roeddan nhw'n gallu bod: y pinafalau, orenau, grawnffrwythau, petha fel'na, petha oedd yn dod o'r gwledydd newydd, mewn ffordd … o'r *colonies* yn y bôn. Felly roedd yn rhaid i'r pen-garddwyr wybod sut i fagu'r petha 'ma, dysgu'r dechneg i greu gwres, er enghraifft …

KELVIN   Be oeddan nhw'n 'i wneud – tân bach yn y tŷ gwydr, neu ddefnyddio gwres y compost? Mae'n anhygoel i mi 'u bod nhw wedi llwyddo i wneud hyn i gyd.

AWEN   Roeddan nhw wedi datblygu cymaint o dechnegau newydd – rhai rydan ni'n 'u defnyddio hyd heddiw. *Hotbeds*, er enghraifft,

cymysgedd o dail fferm a *Fuller's Earth*, sydd yn fath o glai – roeddan nhw'n gwybod sut i gymysgu hwnnw i gael y gwres gorau. Roedd ganddyn nhw ffwrneisi hefyd, yn ogystal â defnyddio gwres o'r tŷ, ac mae'r systemau oedd ganddyn nhw yn nes ymlaen, ar ôl datblygiad y tai gwydrau, yn rhyfeddol. Gallai'r pibellau fod chwe neu wyth troedfedd dan y ddaear, a'r dŵr poeth yn rhedeg trwy'r pibellau 'ma a thrwy'r tai gwydr. Ond buan iawn y gwnaethon nhw yn sylweddoli fod y gwres yna'n rhy boeth ac yn rhy sych, wedyn roedd y prentisiaid yn gorfod lluchio dŵr dros y pibellau. Felly roedd hi'n broses o ddysgu.

Ar y dechra, tai gwydr bychain oedd ganddyn nhw, ond fel roedd mwy o'r ffrwythau newydd 'ma yn dod o'r *tropics* roedd gofyn am dai gwydr mwy a gwell, ac ar ôl 1845, pan gafwyd 'madael â'r dreth ar wydr – wel, dyna fo wedyn. *The sky's the limit*, 'de.

KELVIN   Ia, ond roedd o'n dal yn ddrud, yn doedd?

AWEN   O, oedd. Dim ond y tai mawr oedd yn gallu 'u fforddio nhw.

KELVIN   Faint o arddwyr fasa wedi bod yn rhedeg gerddi lle fel'na?

AWEN   Mi fasa 'na dîm reit fawr: y pen-garddwr, brenin bach y deyrnas werdd, wedyn tîm o bobl oddi tanddo fo …

KELVIN   Reit i lawr i'r prentis bach oedd yn llnau'r potia' …

AWEN   Ia. Roedd hi'n fyddin, 'doedd – ac roedd yn rhaid iddi fod achos 'u bod nhw'n cynnal y tŷ, cynnal y teulu a chynnal y staff hefyd. Nid yn unig roeddan nhw'n gorfod cynhyrchu'r bwyd ffansi i ddangos eu hunain, ond roedd yn rhaid cael y bwyd bob dydd, y tatws a'r pys ac yn y blaen. Ac nid yn unig bod yn rhaid iddyn nhw wybod sut i'w dyfu o, ond sut i'w storio fo hefyd. Mi ddaru nhw ddatblygu systemau storio effeithiol, y clamps tatws ac ati. A phan ddechreuodd pethau fel pwmpenni ddod o'r America roedd gofyn dysgu sut i'w storio nhw, a pha fathau oedd yn cadw orau.

KELVIN   Pa ddylanwad mae'r gerddi 'ma wedi'i gael ar ein gerddi ni heddiw? Fasa'r rhan fwya o'r planhigion sydd yma ddim yma heblaw am erddi'r oes honno, na fasan?

AWEN   Naf'san. Mae'n rhyfeddol faint o'r planhigion yma sydd wedi dod i mewn yng nghyfnod yr Ymerodraeth – pobol yn teithio dramor a dod â phetha prin a gwahanol yn ôl – ac mae'n rhaid i ni gofio fod arnon ni ddyled i'r bobol fawr oedd yn talu i bobol fynd allan i hel y planhigion diarth 'ma. Roedd hyd yn oed y dechneg o ddod â nhw yn ôl o wledydd pell …

KELVIN   Wel ia … sut wyt ti yn 'u cadw nhw'n fyw ar gwch pren?

AWEN   Roedd hynna'n broblem fawr. Yn y diwedd roeddan nhw'n defnyddio cewyll gwydr, a'u gadael nhw ar ddec y llong a chadw'r planhigion a'r toriadau ac ati ynddyn nhw. Ond roedd 'na fodd iddyn nhw wneud hynny pan dach chi'n ystyried faint o arian oedd pobol yn 'i wneud o bethau fel nytmeg a sinamon … a the! Mi ddaethon nhw â phob math o blanhigion i'r wlad yma dan enw 'te', a dim te oedd o … pob math o camelias. Yr hen *goji berry* – mi ddaeth hwnnw drosodd i'r wlad 'ma fel 'planhigyn te'. Un enw cynnar arno fo oedd *Duke of Argyll's tea plant*, ond

camgymeriad oedd hynna. Felly mae 'na ddysgu wedi bod. Ond, na – fasa'n gerddi ni ddim mor lliwgar nac mor ddiddorol; ond hefyd, fasa ganddon ni mo'r problemau sydd wedi dod i mewn hefo nhw chwaith.

KELVIN   Fasa ganddon ni ddim *Rhododendron ponticum*, na fasa, na'r *Japanese knotweed*. Na Jac y neidiwr, yr *Himalayan balsam* – sy'n edrach yn neis nes wyt ti'n gweld 'i fod o'n lladd bob dim oddi tano fo …

AWEN   Doeddan nhw ddim yn gwybod, nag oeddan, er bod ganddyn nhw'r agwedd 'Wel, ni ydi'r meistri ac mi allwn ni gadw trefn ar hyn'.

Mae'n hawdd anghofio bod uned eang o amgylch y tŷ. Roedd ganddoch chi'r tŷ, a'r gegin yn dibynnu ar yr ardd lysiau, wedyn roedd yr ardd yn ymestyn dros y ffermydd a dros gefn gwlad. Roedd ganddoch chi'r gerddi addurniadol a'r berllan, y lawntydd a'r tai gwydr ac ati … Roedd 'na symud pentrefi i wella'r olygfa, hyd yn oed, oedd yn effeithio ar fywydau pawb yn yr ardal, wrth gwrs. Roeddan nhw'n ymestyn lot pellach na'r muriau mawr oedd o gwmpas y tai. Roedd o'n system wirioneddol ryfeddol.

Iolo Williams

'Wyt ti'n fodlon dod ar raglen *Galwad Cynnar*?' gofynnodd y cynhyrchydd, Aled Jones, i mi pan oeddwn i'n gweithio yn Swyddog Adar i'r RSPB.

'Ydw siŵr, faint o'r gloch mae'r rhaglen 'mlaen?' gofynnais innau.

'Yn gynnar yn y bora,' rhybuddiodd Aled.

'Pa mor gynnar?'

'Chwarter i saith.'

'Iawn, dim problem.'

'Chwarter i saith bora Sadwrn.'

'Blydi hel!!'

Dyna sut y dechreuodd fy nghysylltiad i â *Galwad Cynnar* ryw 25 mlynedd yn ôl bellach, ac mae hi wedi bod yn fraint ac yn hwyl cael bod yn rhan ohoni byth ers hynny. Am flynyddoedd lawer, mi fues i'n westai wythnosol, fel rheol yn mynd i mewn i'r stiwdio *unmanned* yn y Drenewydd. Yn anffodus, o achos pwysau teulu a gwaith, bu'n rhaid imi roi'r gorau i fod yn westai cyson, ond dwi'n dal i alw heibio'r stiwdio o dro i dro ac yn recordio ambell ddarn ar gyfer y rhaglen o Gymru ac o dramor.

Mae un o'r rhaglenni cynnar yn aros yn y cof am reswm nad ydw i erioed wedi ei rannu gydag unrhyw un cyn hyn. Ro'n i'n eistedd yn y stiwdio yn y Drenewydd yn aros i Gerallt fy nghyflwyno, a gan nad oeddwn i wedi gwneud llawer o ddarlledu ar y pryd, ro'n i'n eitha nerfus. O'r diwedd, daeth llais Gerallt drwy'r *headphones* ond doeddwn i ddim yn disgwyl y geiriau ddaeth allan o'i geg! I ddechrau, mae Cymraeg Gerallt mor bur a chywir, do'n i ddim yn dallt yn iawn be oedd y cwestiwn. Yn waeth byth, gofynnodd imi am hanes rhyw flodyn nad oeddwn i erioed wedi clywed yr enw Cymraeg arno.

Eisteddais yn gegrwth am ychydig eiliadau, ac ailofynnodd Gerallt y cwestiwn gan feddwl nad oeddwn i wedi ei glywed. Eisteddais am fwy o eiliadau tawel, anghyfforddus cyn gwneud yr unig beth a ddaeth i fy meddwl. Torrais y cysylltiad gyda stiwdio Bangor, rhedais allan i'r car i nôl llyfr planhigion Cymraeg, rhuthrais yn ôl i'r stiwdio, ailgysylltais â Gerallt ar ôl sylweddoli mai blodyn cyffredin o'r enw *red campion* ydi blodyn taranau, ac ailymunais â'r sgwrs. Ymddiheuriadau mawr i Gerallt a oedd, erbyn hynny, wedi dweud wrth y gynulleidfa fod problem dechnegol gyda'r stiwdio yn y Drenewydd!

Fy hoff raglenni bob tro oedd y rhaglenni byw. Does fawr o hynny'n mynd ymlaen y dyddiau yma o achos toriadau yn y gyllideb, ond yn y dyddiau cynnar, roedd mynd allan ar leoliad yn rhywbeth roedd y tîm yn ei wneud yn weddol gyson. Mae gen i atgofion melys o ddarlledu o dop Bwlch yr Oernant uwchben Llangollen ar ddiwrnod braf o wanwyn gydag ehedyddion yn canu o'n cwmpas, a'r daeregwr Geraint George yn hwyr i ddod draw at y meicroffon gan ei fod yn chwarae pêl-droed efo fy mab hynaf, Dewi. Mae colled fawr ar ôl Geraint.

Dros y blynyddoedd, dwi wedi recordio pytiau ar gyfer *Galwad* o bob cwr o'r byd wrth deithio i diroedd pell i ffilmio cyfresi ar gyfer S4C. Dwi'n cofio recordio darn o Barc Cenedlaethol Torres del Paine ym Mhatagonia ac un arall o Barc Yala yn Sri Lanka gyda adar dŵr o bob lliw a llun o 'nghwmpas – ond tipyn o gamp oedd darlledu'n fyw o gwch hwylio bychan wrth deithio o Ynysoedd y Falklands i Dde Georgia ar gyrion Antarctica.

Syniad y cynhyrchydd, Aled Jones, oedd hi i mi ddod yn fyw ar y rhaglen bob dydd Sadwrn am bum wythnos wrth imi deithio moroedd y de. Mi wnes y darllediad cyntaf dros ffôn lloeren o faes awyr Santiago yn Chile ar ddiwedd taith ddi-dor o 38 awr. Doedd fawr o synnwyr yn dod allan o 'ngheg dwi'n sicr, gan fy mod yn breuddwydio am wely moethus, ond dwi'n meddwl imi lwyddio i fapio'r siwrne oedd o 'mlaen i i'r gwrandawyr.

Dros yr wythnosau canlynol, llwyddais i siarad gyda Gerallt o fwrdd y llong hwylio yng nghanol y môr gyda morfilod yn amgylchynu'r cwch, a hefyd o Ynys De Georgia gyda'i holl fywyd gwyllt anhygoel, a

dweud hanes y morfilod ac anturiaethwyr fel Ernest Shackleton. Roedd yn deimlad od i fod ar gyrion y cyfandir mwyaf anghysbell yn y byd gan siarad yn Gymraeg gyda hen ffrindiau oedd mewn stiwdio ym Mangor.

Dros y chwarter canrif ers imi gael y gwahoddiad cyntaf i fod yn westai ar y rhaglen, mae llawer wedi newid ym myd natur a chefn gwlad Cymru a'r byd, ond mae *Galwad Cynnar* wedi aros yn driw i'w phwrpas drwy gydol y degawdau. Mae'n parhau i ddod â hanesion a'r newyddion diweddaraf o bob cornel o Gymru a'r byd, a hynny mewn ffordd gynnes ac addysgiadol o dan arweiniad brenin y darlledwyr, Syr Gerallt Pennant. Mae hi wedi bod yn bleser pur i gael bod yn rhan fechan o'r tîm.

Kelvin Jones, Nia Haf Jones, Iolo, Iwan Edwards, a Math Williams. Enyr Evans yn recordio

Bwlch yr Oernant a Moel Famau

Awst a Medi 2009

A r ddiwedd haf 2009, darlledodd *Galwad Cynnar* y gyntaf o ddwy raglen o Sir Ddinbych. Darllediad byw o ben Bwlch yr Oernant uwchben Llangollen a Phen Draw'r Byd oedd y gyntaf – lle sy'n enwog am rew ac eira yn y gaeaf. Dilynodd yr ail ar y pedwerydd ar bymtheg o Fedi, sef recordiad o daith i gopa Moel Famau, rhwng Rhuthun a'r Wyddgrug. Os ydych chi o'r farn fod prydferthwch Cymru i gyd yn Eryri ac o amgylch ein harfordir ni, yna ewch am dro i ogledd-ddwyrain 'rhen Walia Wen weithiau – go brin y byddwch chi'n difaru.

Bwlch Yr Oernant

Fel gyda phob rhaglen fyw, roedd 'na ddynion sain hefo ni ar gyfer hon, sef Emyr Evans a Richard Durrell, y naill fel y llall wedi'i fagu yn yr ardal, ac roeddynt wedi treulio'r pnawn Gwener yn gosod y myrdd geriach sydd ei angen ar gyfer darllediad byw yn ei le ar faes parcio'r Ponderosa. Yn

wahanol i'r *ranch* enwog ar y teledu 'stalwm, saif y Ponderosa hwn, caffi a gwesty, ar frig Bwlch yr Oernant – yn fagned, yn fwy na dim, i beth mwdrel o feicwyr modur o ganolbarth Lloegr. Ar ôl cael trefn ar yr offer roedd y ddau, ynghyd â glas-ymchwilydd o'r enw Iwan Arwel, wedi aros yn y gwesty dros nos i warchod yr offer.

Pan gyrhaeddais i yno tua hanner awr wedi pedwar y bore wedyn, doedd yna 'run enaid byw i'w weld yn unman, na'r un smic i'w glywed chwaith – dim pesychiad dafad na galwad aderyn ymfudol hyd yn oed. Doedd hi ddim wedi dechrau goleuo yn iawn ond, serch hynny, roedd rhyw addewid am fore braf yn y gwyll; ac er nad oedd y niwl wedi dechrau cilio o waelod y Bwlch ble mae Llangollen yn swatio i'r de-ddwyrain, nac o wastadedd Clwyd a ffiniau Lloegr i'r gogledd, roedd o'n o saff o wneud hynny cyn bo hir. Cyfle i anadlu awyr lân, oer, y mynydd oedd hwn, ac i fwynhau'r mudandod disgwylgar hwnnw sy'n un o nodweddion hyfrytaf y bore bach.

Gerallt a Twm Elias yn darlledu o Fwlch yr Oernant cyn i'r niwl godi

Toc, sŵn drws rywle yng nghefn y gwesty yn agor a chau, a llygedyn bach o olau tortsh yn siglo i 'nghyfeiriad i, gyda lleisiau cyfarwydd yr hogia sain yn ei ddilyn. Pam fod cymaint ohonon ni'n sibrwd yn y gwyll, dwedwch, hyd yn oed allan yng nghefn gwlad?

Ymhen ryw chwarter awr arall roedd goleuadau car Gerallt yn troelli i fyny lôn y Bwlch, a dechreuodd gweddill y criw gyrraedd yn fuan wedyn fesul un a dau: Twm Elias a Kelvin Jones yn teithio o ardal Porthmadog, Geraint George a Hywel Roberts o Fangor, Goronwy Wynne o Licswm, a Iolo Williams o ochrau Trefaldwyn. Erbyn hyn roedd y niwl wedi 'sgafnu ryw ychydig, ac roedd hi'n dechrau goleuo.

Cadwodd y bore yn driw i addewid y gwyll. Erbyn hanner awr wedi chwech, roedd y wawr yn treiddio trwy'r niwl ac yn troi'r awyr o'n hamgylch ni yn felyn-oren rhyfeddol am gyfnod cyn i'r haul feddiannu'r awyr yn llwyr a dod â chwa o awel ysgafn yn ei sgil. Yna, roedd creigiau Eglwyseg yn disgleirio'n wyn i'r de-ddwyrain, rhedyn a grug bryniau Clwyd yn garpedi lliwgar i'r gogledd-orllewin, ac ochrau'r Berwyn bell yn ... wel, mi allwch chi ddychmygu'r darlun eich hun, siawns. Ond i lawr yn y pant mawr yng ngwaelod y Bwlch, roedd Llangollen druan yn dal i fod o'r golwg dan wadin trwchus, gwyn. Dyna sydd i'w gael am fynnu cael afon a chamlas gyda'i gilydd mewn dyffryn mor gul, decini.

Ond beth bynnag, goleuni a gwres yr haul oedd ym mhobman arall. Ac fel arfer, roedd hen ddigon o bethau i'r criw eu trafod: yn ddaeareg, yn blanhigion, yn adar a phob dim arall. Gerallt yn cyflwyno gyda'i rwyddineb arferol o'r maes parcio, a Iolo fel ail gyflwynydd yn crwydro'r llethrau o'n hamgylch gyda Hywel, Kelvin ac un o wardeiniaid yr ardal yn disgrifio'r hyn oedd i'w weld. Sôn am yr adar oedd Kelvin, wrth gwrs, ac roedd Hywel, gyda'i wybodaeth ryfeddol am blanhigion yr ucheldir a natur y mynydd, yn ei elfen, hyd yn oed os oedd o ymhell o'i deyrnas yn Eryri. Trafod y natur, trafod sialens cadwraeth ar safleoedd mor boblogaidd a bregus, trafod y balans rhwng natur ac amaeth a thwristiaeth, ac yn y blaen – a Kelvin yn dod ag ambell sbarc o hiwmor i'r sgwrsio gyda'i atgofion o'r dyddiau pan oedd o'n blismon yn y cylch. Mae'n syndod cymaint sydd gan griw o naturiaethwyr i'w ddweud, hyd yn oed ar safle all edrych yn weddol ddiffaith mewn tywydd llai ffafriol, ac sydd mor agos i Ben Draw'r Byd hefyd, o ran hynny.

Kelvin Jones yn holi Dr. Goronwy Wynne ar Fwlch yr Oernant

Yn rhyfeddol, o hanner awr wedi chwech tan wyth, doedd 'na ddim traffig chwaith. Pwy fyddai wedi meddwl y gallai lle mor boblogaidd fod mor dawel? A doedd dim sôn am foto-beic o gwbwl ... beicars Birmingham i gyd wedi aros adra i wrando ar *Galwad Cynnar*, siŵr o fod, chware teg iddyn nhw.

O, ia – cefais alwad ffôn gan Medwyn, fy mrawd, am bum munud wedi wyth, yn cyhuddo Gerallt o fod wedi palu'r clwyddau mwyaf ofnadwy drwy ganu clodydd tywydd y bore. A hitha'n niwl dopyn, prin y gwelech chi'ch llaw, meddai Meds. Be oedd ar ein pennau ni? Yn Llangollen mae fy mrawd yn byw, gyda llaw.

Moel Famau

> Dwi'n ymhyfrydu wrth ddweud 'mod i wedi bod ar ben Moel Famau 'ma bob bore Nadolig yn gyson ers trigain mlynedd, achan ... ar wahân i un pan oeddwn i yng Nghanada, ac roedd hi braidd yn bell.
>
> **Dr Goronwy Wynne**

Os ydi'r Wyddfa wedi mynd yn rhy boblogaidd a choman i'ch dant chi erbyn hyn, a gweddill mynyddoedd Eryri yn rhy serth, yna mentrwch i fyny Moel Famau ar bnawn Sul go braf. Bydd, mae'n debyg y bydd 'na dyrfa dda o bobol o bob oed yno hefyd, yn straffaglu i fyny'r llwybrau neu'n mwynhau picnic ar gromell copa'r Foel, ond siawns y bydd awyrgylch hamddenol, braf yno – a Thŵr y Jiwbilî yn cynnig rhatach (os nad rheitiach) lle i fochel rhag

unrhyw dywydd garw na'r deml honno i Famon sy'n hagru copa Brenhines Eryri. Ac mi gewch weld, ar ddiwrnod clir, rai o'r golygfeydd mwyaf bendigedig – ac annisgwyl – yng ngogledd Cymru hefyd.

Roedd y cam o Fwlch yr Oernant yn un bychan a naturiol i *Galwad Cynnar*. Yn un peth, roeddan ni'n dilyn yr haen o garreg galch sy'n rhedeg bron yn ddi-dor ar draws rhan o ogledd Cymru draw i Ben y Gogarth a throsodd i Ynys Môn. Ac yn ymuno â ni, unwaith yn rhagor, roedd un sy'n adnabod yr ardal yn well na neb, mae'n siŵr gen i. Mae Goronwy Wynne wedi byw y rhan helaethaf o'i fywyd cynhyrchiol yng nghyffiniau Moel Famau ac wedi cerdded i'w chopa hi lawer gwaith, a braint o'r mwyaf, fel bob tro, oedd cael cwmni un o fotanegwyr pennaf Cymru (un sy'n arwr mawr i sawl un ohonon ni) ar y daith.

Taith, ia – ond nid dringfa na sialens na thro, ysywaeth. Mae'n rhaid cyfaddef ein bod ni wedi manteisio ar gynnig caredig rhai o wardeiniaid Cyngor Sir Ddinbych i'n cludo ni i'r copa gyda cherbydau gyriant pedair olwyn. Roedd hyn er mwyn arbed amser, wrth gwrs, ac o ystyriaeth i faich a phwysau geriach recordio Dylan Hughes, yr un dyn sain oedd ganddon ni y tro hwn – er na fyddai o, y bonheddwr cymwynasgar ac ydi o, wedi grwgnach na chwyno dim am y llafur.

Agorodd y rhaglen ar ôl *Newyddion Saith* gyda sgwrs rhwng Gerallt Pennant a Geraint George, a'r ddau yn cael eu 'sgrytian i'r byw yn nhrwmbal un o'r tryciau wrth i ni ymlwybro mewn steil i fyny'r llwybr garw. Roedd hi'n dipyn o gamp cynnal sgwrs dan amod fel'na, ac un fer oedd hi o'r herwydd. Wrth i'r tryciau grafangu dros y creigiau a thrwy'r rhychau a'r tyllau tua'r copa – heibio i griwiau o gerddwyr hen ac ieuanc, ambell un yn carlamu mynd, y rhan fwyaf yn tuchan o gam i gam, rhai yn cario plant, rhai hefo'u cŵn, ambell un yn gwthio trol babi hyd yn oed – roedd cydwybod Gerallt, y mynyddwr brwd, wedi gwneud iddo 'deimlo bron cymaint o dwyllwr â phetawn i'n mynd i gopa'r Wyddfa ar y trên' medda fo. Ond roedd Geraint, ei fap daearegol yn barod yn ei law, yn gweld yr antur o ogwydd gwahanol iawn: 'Mae e'n gwmws fel 'taen ni ar ryw saffari yn yr Affrig, yn tydi!' meddai, yn wên o glust i glust.

Ar ôl cyrraedd pen y mynydd, ac ar ôl i bawb gael cyfle i ryfeddu at harddwch yr olygfa oedd yn ymestyn i bob cyfeiriad islaw i ni (roedd yr olwg hon ar Ddyffryn Clwyd yn un ddieithr iawn i'r rhan fwyaf ohonon ni) dyma ganfod cilfach gweddol dawel yng nghysgod adfeilion bôn Tŵr y Jiwbilî i recordio sgwrs gyda Goronwy Wynne.

Copa Moel Famau

Ges i fy magu ym mhentre Cilcain, oddi tanon ni yn fan yma. Teulu 'Nhad wedi bod yn ffermio yno dros y cenedlaethe, a dwi'n byw ryw bedair milltir oddi yma bellach.

Be sy'n rhyfedd ydi, ar Fryniau Clwyd 'ma – Moel Fenlli, Moel Famau, Moel Arthur, Penycloddiau, rhyw hanner dwsin ohonyn nhw – mae 'na fryngaer Oes yr Haearn ar y rhan fwya ohonyn nhw, y fwyaf ar Penycloddiau, yn hanner milltir o hyd, a phedwar clawdd iddi. Ond does 'na 'run ar Moel Famau, er mai hon ydi'r Foel ucha. Dwi wedi holi'r awdurdodau, y bobol sy'n gwybod pob peth, a fedran nhw ddim rhoi rheswm pendant pam fod hynny'n bod ...

Dr Goronwy Wynne

GORONWY

Dwi ddim llawer o freniniaethwr fy hun, ond maen nhw'n deud i mi mai pwrpas y twr 'ma oedd dathlu Jiwbilî Siôr y Trydydd, a'i fod o wedi'i gynllunio ar ffurf rhyw dŵr Eifftaidd ac na chwblhawyd y peth erioed; ond bod tri chwarter o'r hyn oedd wedi'i orffen wedi cael ei chwythu lawr mewn storm tua 1862.

Recordio ger Twr y Jiwbili

Yr olygfa o gopa Moel Famau tua'r gogledd-ddwyrain

O'danon ni fan hyn mae gogoniant Dyffryn Clwyd. Y dyffryn hynod, llydan, gyda'r tir amaethyddol gore yng Nghymru, o bell ffordd. Ruthun o'danon ni, fan hyn, Dinbych fan'cw, ac ymlaen am Lanelwy a Rhyl, yn dilyn afon Clwyd. Mynydd Hiraethog ar y gorwel, ac ambell gip o'r Wyddfa a'i chriw ymhellach draw. Ac o droi i'r cyfeiriad arall, tua'r gogledd, 'dan ni'n gweld rhan amaethyddol Sir Fflint, pentrefi fel Cilcain, Rhyd-y-mwyn a Licswm, lle dwi'n byw, ac yn y blaen. Ac yna, 'dan ni ar y garreg galch, ac yn y pen draw mae afon Dyfrdwy, a thu draw i hynny, i gyfeiriad Lerpwl.

Dr Goronwy Wynne

GERAINT   Wrth edrych ar y map daearegol 'ma, allwn ni weld ein bod ni'n digwydd bod ar greigie Silwraidd fan hyn; y gefnen yma o graig Silwraidd, carreg fwd a siâl, sydd wedi cael ei ymgodi i greu Bryniau Clwyd, ac wedi cael ei thrawsnewid i'r de i gyfeiriad Llangollen, ble mae 'na lechi Silwraidd yn ymddangos. Ond wrth edrych draw i gyfeiriad Eryri, 'dan ni'n gweld amrywiaeth – mosaic – o liwiau ar y map, ac mae'r rheina'n adlewyrchu'r amrywiaeth o greigie igneaidd, creigiau gwaddod, creigie metamorffig, yn yr ardal yna. Ond mae'r lliw piws 'ma – sy'n dangos y creigie Silwraidd – yn ymestyn reit lawr trwy ganolbarth Cymru. Beth sy'n fy nharo i wrth edrych ar Ddyffryn Clwyd, y dyffryn siâp u-bedol gwych 'ma, yw'r graig ei hunan ar lawr y dyffryn; craig sy'n perthyn i'r cyfnod Triasig o'r era Mesosöig gan eu bod, yn bennaf, yn greigie tywodfaen ga'th 'u ffurfio yn ystod cyfnod o sychder – yn debyg iawn i ddiffeithdir y Sahara. Sut y gellid perthnasu

117

Hywel Roberts ar lethrau Moel Famau, yn chwilio am yr Wyddfa

hynna â'r hyn 'dan ni'n weld heddiw, y tir amaethyddol cyfoethog yma? Wel, sail priddoedd yr ardal a'r cyfoeth amaethyddol yw'r graig oddi tano, a sut mae honno'n erydu a threulio …

GERALLT   Hefo fi rŵan mae Helen Mrowiec, Swyddog Prosiect Cynllun y Grug a'r Caerau i Gyngor Sir Ddinbych. Be ydi bwriad y cynllun, Helen?

HELEN   Trio plethu rheolaeth y grug hefo elfen hanesyddol y tirlun a'r bryngaerau. Felly, mae'r prosiect yn edrych ar fwy nag un agwedd o bob elfen o'r gwaith 'dan ni'n 'i wneud: os 'dan ni'n llosgi grug, 'dan ni'n mynd i weld os oes yna bethau archeolegol yno, oherwydd bod y tir wedi cael ei glirio. Felly, 'dan ni'n gallu cyd-wneud y ddwy elfen o'r gwaith hefo'i gilydd.

GERALLT   O'r copa 'ma, mae o fel map dan ein traed ni; rhai stribedi o rug wedi'i losgi, a rhai wedi'u torri. Mae rheolaeth a chadw trefn ar y cynefin yma yn beth hollbwysig.

HELEN   Ydi. Er mwyn cael y cynefin mewn cyflwr da, mae angen ei reoli o, felly'r bwriad hefo'r patryme yma 'dach chi'n weld ydi cael ystod eang o oedran o rug, sydd yn dda ar gyfer bywyd gwyllt yn gyffredinol. Felly, mae rhai o'r pethe 'dan ni'n wneud yn uniongyrchol ar gyfer y grugiar ddu, fel y stribedi; wedyn mae'r ardaloedd mwy eang ar gyfer bywyd gwyllt yn

gyffredinol. Os ydi rhywun yn meddwl am y grug yn yr ardd, mae angen ei docio neu mae o'n mynd yn hen ac yn foniog ac yn dda i ddim. Felly, dyna pam 'dan ni'n llosgi, er mwyn cael tyfiant newydd o rug.

GERALLT   Mae o'n gysyniad anodd i fynd i'r afael ag o, ein bod ni'n edrych fan hyn ar Ddyffryn Clwyd, a fu ar un adeg dan fôr trofannol rwla yng nghyffinia'r cyhydedd …

GERAINT   Be sy'n bwysig, wrth gwrs, ydi bod yn rhaid ceisio trial anghofio am batrwm presennol, cyfoes y cyfandiroedd. Gallwch chi anghofio am Gymru fel gwlad, ac Ynysoedd Prydain, a hyd yn oed cyfandiroedd Ewrop ac Affrica fel y maen nhw. Cyfandiroedd hollol wahanol oedd ganddoch chi. A 'sen i'n dweud 'thoch chi bod y darn yma o dir wedi symud yn raddol gyda symudiade tectonig, daearegol o'r cyhydedd i gyfeiriad y gogledd, dros ehangder o filiyne o flynyddoedd, falle 'i fod e'n dechre gwneud rhywfaint o synnwyr. Ro'n i'n sôn am y tywodfeini ar hyd Dyffryn Clwyd, sydd wedi cael 'u ffurfio ar gyfnod o sychder; wel, os edrychwch chi draw i'r gorllewin, a hefyd i'r dwyrain, mae'r ardal wedi cael 'i hamgylchynu gan garreg galch – calchfaen carbonifferaidd sydd wedi cael ei chreu dan amodau moroedd trofannol bas, cynnes iawn, ac yn llawn ffosiliau, sydd yn rhoi'r cliwie 'ma i ni. I'r dwyrain eto, i gyfeiriad Sir Fflint, mae gennych chi faes glo gogledd-ddwyrain Cymru …

GERALLT Mae trwch poblogaeth Caer un ffordd, mae trefi gogledd Cymru y ffordd arall … mae'r lle 'ma'n tynnu pobol, tydi? Rydan ni'n gweld hynny heddiw, ar ddiwrnod braf. O be wela i, mae'r llwybrau yn amlwg iawn, ond tydi'r ddaear ddim i'w gweld yn cael 'i erydu yn ormodol … 'dach chi'n llwyddo i reoli'r peth yn eitha effeithiol.

> Tydw i ddim yn ddaearegwr fel Geraint 'ma, ond os oes gan rywun ddiddordeb mewn byd natur, fedrwch chi ddim osgoi dylanwad y creigiau. Ac fel mae lwc, mae gen i bedwar bys ar y llaw yma – a bawd! Rŵan, cymerwch fod y llaw yn cynrychioli Sir Fflint. Mae'r bawd a'r bys cynta yn cynrychioli aber afon Dyfrdwy a Chaer un ochor – 'dan ni ar y ffin hefo Sir Gaer – ac mae'r pedwar bys yn cynrychioli pedwar math o graig, pedair haen. Y bys cynta ydi'r glo, ac mi oedd 'na byllau glo: y Parlwr Du, ac i lawr drwy Fostyn a Bagillt, ac i'r Wyddgrug. Mi laddwyd tad Daniel Owen mewn gwaith glo yn yr Wyddgrug. Yr ail fys ydi'r tywodfaen – llefydd fel Gwesbyr a Gronant, ac i lawr am Laneurgain. Ac os edrychwch chi'n fanwl ar gerrig adeiladau'r hen ffermydd a'r eglwysi, mi welwch y gronynnau tywod yn y graig. Y trydydd bys ydi'r garreg galch. A'r pedwerydd bys, y bys bach, ydi lle 'dan ni heddiw, ar y siâl. Y graig yma sydd wedi cael 'i gwasgu a'i newid dros filiynau o flynyddoedd, ac yn ryw ymdebygu i'r llechi, ond mae'n rhaid i ni gyfadde nad oes ganddon ni lechi da iawn, fel Sir Gaernarfon a Sir Feirionnydd – mae rhywun wedi disgrifio'r siâl fel ryw fath o lechen sydd wedi'i siomi. Mae hi'n hollti, ond fedrwch chi ddim trwsio'ch to hefo hi, yndê.
>
> **Dr Goronwy Wynne**

HELEN 'Dan ni'n gorfod rheoli'r ardal yn ofalus ofnadwy, achos mae 'na tua dau gan mil o bobol yn dod yn flynyddol yma, sy'n nifer aruthrol oherwydd natur y cynefin bregus, felly mae o'n fater o gadw cydbwysedd rhwng cael pobol i ddod a mwynhau'r golygfeydd ffantastig sydd yma, a gwneud yn siŵr ein bod ni ddim yn niweidio'r amgylchedd tra 'dan ni yn 'i fwynhau o.

Munud i feddwl

TWM Roeddat ti'n siarad hefo Goronwy a Geraint yn fan'cw gynna, Gerallt, am y dyffryn 'ma fel ryw fath o *rift valley* ac yn fy atgoffa i o ryw ddyfyniad bach gan William Camden, y mapiwr, yn *Britannia*, y llyfr arbennig hwnnw o 1586, achan. Mae o'n dweud; 'The Vale of Clwyd, the heart of the country, where nature has removed the mountains and has spread out a most pleasant vale.' Wel, dyna i chdi ddisgrifiad difyr – fel *rift valley* eto, yndê.

GERALLT Wel, ia, ac mae o yn llygad ei le, wrth gwrs. Mae o wedi crisialu'r cwbwl, tydi, mewn un frawddeg fach syml. Ac wrth sôn am ddyfyniadau, ac i minna gael troi i'r iaith fain hefyd, dyma i ti ddyfyniad dwi wedi'i glywed droeon, ond wn i ddim pwy ddeudodd o gynta. Rhywun yn dŵad i rwla tebyg i lle 'dan ni rŵan, un o'r bylcha 'ma rhwng y moelydd, ac edrych lawr tua thref Ruthun am wn i, a gweld gogoniant Dyffryn Clwyd dan ei draed. Dyma'r ebychiad … *'Well done God!'*

Twm Elias

I mi, fu yn y busnes o boblogeiddio a chenhadu dros fyd natur, roedd cael dod yn un o banelwyr *Galwad Cynnar* yn gynnar yn y mileniwm newydd nid yn unig yn fraint ond yn hynod werthfawr imi, fel rwy'n siŵr yr oedd i'r aelodau eraill dros y blynyddoedd.

Roedd, ac mae, *Galwad Cynnar* yn gyfle gwych i rannu gwefr y gwyllt â chynulleidfa werthfawrogol (mae'n un o raglenni mwyaf poblogaidd Radio Cymru onid yw?) yng nghwmni criw o naturiaethwyr brwd eraill ar donfeddi Radio Cymru. Mwynhad pur i ni banelwyr fu cael rhannu straeon a phrofiadau am fyd mawr natur ac ymateb i sylwadau ac ymholiadau gwrandawyr. Roedd yn gyfle da i ddod i nabod ein gilydd; trafod a chyfnewid syniadau, a hyd yn oed ffraeo weithiau, wrth fabwysiadu ryw safbwynt neu'i gilydd. Ond roeddem yn gytûn yn rhannu ein cariad at natur a bod angen dybryd i amddiffyn a gwarchod yr amgylchedd.

Fe ddysgais lawer fel un o'r panelwyr, a byddai'r angen am drafodaeth gall ar ambell bwnc a darparu atebion synhwyrol i gwestiynau gwrandawyr yn aml yn gofyn am beth ymchwil a pharatoi. Roedd hynny'n addysg ynddo'i hun ac yn fodd i ehangu a chyfoethogi fy ngwybodaeth. Gwybodaeth fu'n fuddiol mewn sawl cyswllt arall, mewn gwirionedd, fel cyrsiau yr oeddwn yn eu harwain ym Mhlas Tan y Bwlch, darlithoedd ac erthyglau i gylchgronau. Diolch, *Galwad*.

Fel arfer roedd ymateb y gwrandawyr yn gadarnhaol iawn a llawer yn gyrru sylwadau, ymholiadau a lluniau. Ond weithiau ceid anghytuno: roedd llosgi mynydd yn bwnc llosg ar adegau, ailgyflwyno creaduriaid i'r gwyllt, a 'slumod. Pawb a'i fys lle bo'i ddolur.

Does dim rhaid bod yn wladwr neu naturiaethwr i fwynhau *Galwad Cynnar*. Mae'r cymysgedd o fyd natur, pynciau amgylcheddol, straeon a phrofiadau difyr panelwyr a chyfranwyr, coelion a llên gwerin am ryw greadur neu ddefnyddiau meddygol ryw blanhigyn, yr un mor ddifyr dderbyniol. Cawsai'r gwrandawyr fwy na 'gweld' – cawsant agoriad llygad. Clywais un hen wraig uniaith o blwy' Clynnog un tro yn disgrifio rhywun allai droi ei law at unrhyw beth yn 'Jac of ôl traed'. Fersiwn amgylcheddol o'r Jac amryddawn hwnnw yw *Galwad Cynnar* hefyd. Adlewyrchiad o ehangder diddordebau'r panelwyr dan arweiniad Gerallt Pennant ac yn fynegiant o agwedd iach Gymreig, gyfannol ac eangfrydig.

Pan gefais wahoddiad gan Mr Cynhyrchydd yn 2004 i gyfrannu eitem wythnosol o ryw 5–6 munud i'r rhaglen, fe neidiais ar y cyfle. Cynigiais ddilyn treigl y tymhorau gan nodi gwyliau megis rhai eglwysig a'u harferion cysylltiedig; hen ffeiriau'r flwyddyn amaethyddol ynghyd, yn naturiol, â newidiadau tymhorol byd natur. Wel, dyma beth oedd disgyblaeth dda, i wneud yr ymchwil cefndirol priodol a pharatoi cyfres o erthyglau i'w cyflwyno bob wythnos am flwyddyn gron. Ffrwyth hyn oedd y gyfrol *Tro Drwy'r Tymhorau* (2007).

Yn dilyn hynny, dyma gynnig ar gyfres wythnosol arall ar thema byd natur a llên gwerin. Cafwyd dros

300 o eitemau i gyd a chyhoeddwyd 60 ohonynt yn ddiweddar yn y gyfrol *Natur yn Galw* (2018). Y gobaith yw y cyhoeddir mwy yn y dyfodol.

Roedd medru recordio ar gyfer y cyfresi hyn ym Mryn Gwilym, cartref Mr Cynhyrchydd ym Mhenrhyndeudraeth, yn gyfleus iawn am y gallwn alw heibio ar fy ffordd adref gyda'r nos o'm gwaith i wneud hynny. Cawn groeso mawr gan Mr Cynhyrchydd a'r cŵn, ond buan y dysgais fod yn ofalus o Nel am yr hoffai fedyddio hosan goch fy nhroed chwith sandalog os safwn yn fy unfan yn rhy hir.

Olympics y Nionod

Rhoddwyd her i Gerallt Pennant a Tudur Owen gan y garddwr o Fôn, Medwyn Williams: pwy allai dyfu'r nionyn mwyaf? Daeth Medwyn â thri phlanhigyn nionyn bob un i'r stiwdio iddyn nhw ar ddechrau'r sialens, fel bod y ddau yn dechrau ar yr un lefel. Bu Tudur yn edrych ar eu holau'n ofalus, gan eu symud i mewn ac allan o'r tŷ i ddal yr haul, tra bu i Gerallt roi tail fferm yn ei gompost o.

Bedyddiodd Gerallt ei nionod: bu i 'Duncan' a 'Twm' oroesi, ond yn anffodus bu i nionyn 'Bethan' bydru yn y bôn. Dau nionyn oedd ganddo fo, felly, i gael eu beirniadu. Roedd Tudur yntau wedi enwi ei blanhigion – tyfodd 'Manon' yn reit siapus, ond roedd gwell siâp ar 'Gareth Iwan'. 'Dyl Mei' oedd y mwyaf, yn pwyso bron i ddau bwys.

Gan mai beirinadu'r nionod yn ôl eu pwysau roedd Medwyn, Tudur ddaeth i'r brig gyda 'Dyl Mei', a daeth Gerallt yn ail efo 'Twm'.

Swtan

Gorffennaf 2009

Saif Swtan gwta dafliad coes cimwch o'r bae o'r un enw, ym mhen pellaf gogledd-orllewin Ynys Môn. Bwthyn to gwellt ydi o (neu to hesg a bod yn hollol, dechnegol gywir) sydd, erbyn hyn, wedi cael ei adfer a'i wyngalchu, ei lenwi â phob math o drugareddau addas a pherthnasol, a'i droi yn amgueddfa treftadaeth fechan. Mae o'n eiddo i'r Ymddiriedolaeth Genedlaethol, ond Cyfeillion Swtan, cwmni o wirfoddolwyr lleol, sy'n ei reoli o. A 'Swtan' ydi enw'r bwthyn bach, nid 'Bwthyn Swtan' – mi gawson ni'r ffaith honno gan un ddylai wybod yn well na neb.

Mynd yno ganol Gorffennaf 2009 i recordio un rhifyn o *Galwad Cynnar* wnaethon ni ... a dod oddi yno hefo dau. Mae o'n digwydd felly weithiau, ac i gynhyrchydd mae hyn yn fendith – ac yn ganwaith gwell, wrth gwrs, na mynd i rywle i gynhyrchu dwy raglen a dychwelyd hefo dim byd.

A bod yn hollol fanwl, mynd i Borth Swtan i recordio oeddan ni, er mwyn canolbwyntio ar y cynefin a'i ddaeareg a'i fywyd gwyllt, a dim ond galw heibio Swtan (y bwthyn) i gael sgwrs fach gydag un o drigolion y fro oedd y bwriad, er mwyn cael syniad o sut beth oedd (ac yw) byw mewn lle diarffordd sy'n brydferth ryfeddol ar hafddydd braf, ond

yn gallu newid ei gymeriad yn llwyr ar dywydd garw. Wyddwn i ddim fod Swtan (y bwthyn) yn lle mor ddiddorol, a Gwilym Jones, yntau, yn gymeriad mor ddifyr.

Math o bysgodyn môr yw swtan (*Merlangius merlangus* yn wyddonol; '*whiting*' neu '*merling*' yn y Saesneg). *Church Bay* yw enw Saesneg Porth Swtan ac, fel y gwelwch chi'n aml, tydi'r Saesneg ddim chwarter mor ddisgrifiadol a difyr â'r enw Cymraeg. Mae Porth Swtan rhwng Porth Trwyn (i'r de) a Phorth Gwter Fudur (i'r gogledd), ac os edrychwch chi ar fap go lew, mi welwch fod yna lu o faeau bychain ar hyd y rhan hon o arfordir yr ynys, a'r mwyafrif yn meddu ar enw lliwgar a disgrifiadol iawn a ry ddarlun byw o natur a hanes y wlad o'u hamgylch i chi. Oni ddylien ni drysori enwau fel hyn, dywedwch, fel rhan bwysig o'n treftadaeth?

Roedd Gwilym Jones, 'Gwilym Swtan' i bawb oedd yn ei adnabod o, wedi cael ei eni yn y bwthyn yn nhridegau'r ganrif ddiwethaf, ac wedi byw yno drwy flynyddoedd y rhyfel a'r cyfnod llwm a'u dilynodd. Erbyn i mi gysylltu ag o, roedd o'n drysorydd ar Gyfeillion Swtan. Ysywaeth, aeth y gwladwr diwylliedig i'w aped fis Tachwedd 2013 – colled fawr i'w deulu, ei gymdeithas a'i fro. Roedd hi'n fraint cael

Swtan

ei gyfarfod a rhoi rhywfaint o'i atgofion, ei wybodaeth a'i hiwmor ar gof a chadw.

Gerallt Pennant oedd yn cyflwyno'r ddwy raglen, yng nghwmni Bethan Wyn Jones, Geraint George, Kelvin Jones, Twm Elias, Keith Jones ... a Gwilym Swtan, wrth gwrs.

Pan gyrhaeddon ni'r bwthyn, roedd y to ar ganol cael ei adnewyddu ond roedd mwg yn codi o'r simdde, tân yn y grât fawr, a'r drws ar agor. O ia – ac roedd hi'n haul braf hefyd, a sŵn tonnau'r môr yn torri ddau funud o dro i ffwrdd, i lawr ar greigiau Porth Swtan.

Y diweddar Gwilym Jones, Swtan

GERALLT   Gwilym, dach chi wedi'ch geni a'ch magu yma, a'r dwytha i fyw yma yn barhaol – a'ch teulu wedi byw yma am genedlaethau o'ch blaen chi.

GWILYM   Oeddan. Dwi wedi mynd yn ôl cyn belled ag 1771 ... Owen Jones Swtan, Huw Jones Swtan, Owen Jones Swtan wedyn, a Gwilym Swtan ...

GERALLT   Ac mae o'n fwthyn to gwellt, sy'n brin iawn ar ynys Môn erbyn heddiw.

GWILYM   Yr unig un – wedi cael 'i wneud yn amgueddfa erbyn hyn, i ymwelwyr ddod i ryfeddu at sut roeddan ni'n byw ... Mae'r gwaith toi sy'n mynd 'mlaen rŵan yn costio pedair mil ar hugain. Yn ffodus, 'dan ni'n cael grantiau – dipyn o help, chwara teg. Mae Cyngor Môn wedi bod yn dda iawn wrthan ni.

GERALLT   A'r hesg 'ma ... neu frwyn – be fasach chi'n 'u galw nhw?

GWILYM   Brwyn faswn i'n ddeud. Mae'r rhain wedi dod o'r Alban, ond mae 'na gors yn ymyl 'ma, yn agos i Rhydwyn – mae 'na rywfaint o fanno yn dod yma jest i orffan y bwthyn ... i ni gael dweud bod 'na rwbath yn lleol ynddo fo ...

> Dwi wedi cael modd i fyw yn camu yn ôl i'r hen fyd. Mae hi'n anhygoel yma, tydi – y llawr pridd 'ma, mae o'n galed braf a rhywfaint o sglein arno fo; y llawr pridd gwreiddiol, yn sicr i chi. Ac wrth gwrs, y muriau gwyngalchog 'ma, y calico dan y to – mae hwnna i gadw pob math o nialwch allai ddisgyn o'r to gwellt fel arall, yn bryfaid cop a phryfaid, darnau o eithin a phob math o bethau, rhag disgyn i lawr i fwyd ac i de rhywun.
>
> **Twm Elias**

GWILYM   Roedd o'n fywyd digon caled pan o'n i'n blentyn, ond dyna fo – roeddan ni i gyd yn yr un sefyllfa. 'Toedd neb yn gwybod ddim gwahanol, w'chi ... Pawb yn gwneud y gorau medra fo dan yr amgylchiadau oedd yn bodoli ar y pryd. Roedd hi'n amser caled, roedd hi'n amser rhyfel; ond roeddan ni'n ffodus fan yma, i gymharu â'r pentrefi a'r trefi mawr, achos bod ganddon ni fuwch a llo. Roedd ganddon ni ieir ac roedd Mam yn corddi – roeddan ni'n cael menyn, llefrith ac wyau, a'r ffarm nesa 'ma yn lladd mochyn bob amser. Dim gardd berlysia' oedd yr ardd 'ma bryd hynny, fel mae hi rŵan, ond roedd 'Nhad yn 'i thrin hi: tyfu tatw, pys, a ffa. 'Sgota cewyll hefyd, cael ambell granc, ambell gimwch a dipyn o bysgod weithia. Roeddan ni'n gwneud yn iawn ... Bywyd diddorol faswn i'n ddeud. Dwi'n ddigon ffodus i gofio cyfnod y ceffylau gwedd. Doedd ganddon ni ddim ceffyl, wrth gwrs – roeddan ni'n gorfod benthyg ceffylau a pheiriannau i ladd gwair a rhyw betha felly ...

Crefftwyr wrth eu gwaith

GWILYM   A'th 'na long ar greigiau'r Moelrhoniaid draw fan acw ... llong ysbyty oedd hi, yn cario pob math o bethau ar gyfer llawfeddygaeth a phob dim: *cat gut* a phopeth fel'na, rhywfaint o bethau pelydr-X, fel oedd o 'radag hynny, a sigaréts a baco. Mi oedd pobol wedi bod yn 'u hel nhw [ar y traethau] doeddan – amser rhyfel oedd hi, 'de, a petha'n brin. Pawb wedi hel 'i faco a'i sigaréts ac ati, a gwylwyr y glannau a phobol y tollau yn dod o gwmpas i chwilio amdanyn nhw. Doeddan ni ddim i fod i'w cael nhw, nag oeddan? Ond doedd ganddyn nhw ddim gobaith o gael hyd iddyn

nhw ... toeddan nhw wedi cael 'u claddu yn y doman dail gan y ffarmwrs!

Mae cestyll yn iawn – mae 'na ddigon o bethau wedi'u sgwennu amdanyn nhw – ond mae Swtan (ac mae ganddon ni [yr Ymddiriedolaeth Genedlaethol] eiddo arall i lawr yn Nyffryn Aeron) yn fwyfwy perthnasol i ni Gymry, faswn i'n deud, yn enwedig heddiw. Maen nhw'n dai sydd wedi cymryd miloedd o flynyddoedd i ddod i edrych fel hyn, achos drwy arfer, drwy weld be sy'n gweithio, yr ydan ni wedi dod at y siapiau tai sydd ganddon ni rŵan. Dyma ddechra ein ffordd ni o fyw mewn adeilad, a dwi'n amau ein bod ni'n dechrau mynd yn ôl ato fo ... 'dan ni'n ailddarganfod y dechnoleg sydd yn y tŷ 'ma rŵan. Maen nhw'n dweud nad oes 'na ddim byd newydd dan haul. Mae'r walia 'ma'n anadlu yn naturiol, mae'r tŷ yn glyd o achos fod y lleithder a'r gwres yn cael 'u rheoli yn wych, am fod 'na gannoedd a channoedd o flynyddoedd o ddatblygiad wedi arwain at yr hyn sydd ganddon ni heddiw.

Keith Jones

GERALLT   Rydan ni wedi picio mewn i ran arall o'r adeilad rŵan, Gwilym. Y sgubor oedd fan yma, ia?

GWILYM   Y sgubor oeddan ni'n galw hon, ia. Roedd hi ryw fymryn o weithdy hefyd. A chadw tatw dros y gaeaf yma, a ryw betha felly ...

GERALLT   O godi ein golygon at y nenfwd, y gwahaniaeth fan yma, Gwilym, ydi nad oes 'na ddim calico tanddo fo ...

GWILYM   Mae hynna'n fwriadol, i ddangos gwneuthuriad y to ... Mae 'na goed cyll yn sylfaen iddo fo, brigau bras a brigau llai, wedi cael 'u gwau drwy'i gilydd. Ac ar ben y brigau cyll, mae haen o eithin, wedi cael 'i dorri o'r bryn sydd gerllaw.

TWM   Roedd eithin yn gnwd oedd yn cael ei dyfu yng Nghymru – rhyw chydig yn Iwerddon a'r Alban hefyd, ond yng Nghymru yn arbennig. Datblygwyd melinau i falu'r eithin yn fân, ac roedd hadau'r eithin yn cael 'u mewnforio – hyd yn oed o Ffrainc – ond yr eithin Ffrengig oedd hwnnw, yr un mawr. Mae'r eithin mân, yr eithin mynydd, yr eithin Cymreig, ychydig yn rhy fychan, efallai, ond hwnnw [yr eithin Ffrengig] oedd yn cael 'i blannu mewn be oedd yn cael 'i alw yn 'ardd eithin', mewn tair llain oedd yn cael 'u torri mewn cylchdro o dair blynedd. Roedd yr eithin 'i hun yn faethlon ofnadwy i anifeiliaid oherwydd un o deulu'r pys, y codlysiau (legumes) ydi o, ac yn gyfoethog iawn mewn protin ac yn y blaen.

Pegiau i ddal y brwyn yn eu lle ar y to

Recordio yng ngardd Swtan

Y nenfwd, heb galico

Traeth Swtan

Gwenan Pennant Jones

Tair blynedd sydd ers i mi ddechrau gweithio ar *Galwad Cynnar*. Roedd gen i ddiddordeb mawr mewn byd natur o ddyddiau plentyndod – roedd Mam yn ffond iawn o flodau gwyllt, ac fe fydden i'n cael teithiau i weld y tegeirianau a'r dagrau Mair yn Llanarmon-yn-Iâl. Dwi'n cofio mynd i Henllan yn arbennig i glywed yr eos yn canu, a theithiau i Gwm Idwal i weld effaith Oes yr Iâ – ac mi fyddai pob haf yn cael ei dreulio'n chwarae yn yr afon yng Nghwm Pennant. Felly, pan ofynnwyd i mi gymryd gofal o *Galwad Cynnar*, ro'n i'n teimlo'n lwcus iawn 'mod i'n cael cyfarfod arbenigwyr a dysgu mwy am fyd natur a'r amgylchedd.

Mae cael gweithio gydag arbenigwyr sydd mor frwd dros eu maes, boed yn ddaeareg neu fotaneg, neu arbenigwyr ar hinsawdd a byd natur yn ei gyfanrwydd, bob amser yn ddifyr. Dwi'n teimlo fy mod i'n dysgu rhywbeth newydd bob tro yn eu cwmni – gan obeithio bod y gwrandawyr hefyd yn dysgu rhyw ffaith ddifyr bob tro. 'Dan ni hefyd yn falch o ddarganfod lleisiau newydd i ymuno â'r hoelion wyth.

Mae pob dydd Sadwrn yn wahanol, a 'dan ni'n falch o gael crwydro allan o dro i dro. Wna i byth anghofio recordio rhaglen am gynefin y Migneint yng nghanol eira, a fues i erioed mor ddiolchgar am thermals, a fflasg Bethan Wyn Jones! Dwi wedi mwynhau yn fawr y rhaglenni lle rydan ni'n crwydro i ardaloedd fel Ynys Hir – lle gwnaethon ni gyfarfod â Russell, y warden sydd wedi gweithio yn y cynefin hwnnw ers deng mlynedd ar hugain, a chlywed ei hanesion. Difyr hefyd oedd clywed Rhys Gwynn yn esbonio system sain aderyn.

Fe fuon ni'n recordio yng ngheg afon Dyfrdwy yn ddiweddar, ac ar gorstir Fenn's Whixall a Bettisfield Mosses sydd ar y ffin rhwng Cymru a Lloegr – tirlun anhygoel o ddiddorol. Taith gofiadwy arall oedd i Gemlyn lle cawsom ddysgu am ecoleg môr-wennol y gogledd, sy'n byw yn hir ac yn hedfan, ar gyfartaledd, 96,000 o gilometrau yn ystod eu bywyd – sy'n gyfystyr â hedfan i'r lleuad ac yn ol dair gwaith! Ffeithiau fel hyn sy'n aros yn y cof ac yn fy nghyffroi i. Yn ddiweddar, rydan ni wedi wedi recordio eitemau gyda phlant ifanc, ac mae'n braf gweld y genhedlaeth nesa'n cael eu hysbrydoli hefyd.

Mae cadw trefn ar Gerallt Pennant a Iolo Williams yn dipyn o her – ac yn codi gwên! Rydan ni'n cael dipyn o hwyl, yn enwedig wrth wneud pethau fel tyfu nionod – cystadleuaeth y bu i'r comediwr Tudur Owen ei hennill, er mawr siom i'r naturiaethwyr!

Ond y gobaith ydi fod bob bore Sadwrn yn addysgu, ac yn fan trafod i'n gwrandawyr sy'n ymddiddori yn eu hamgylchfyd. Ond fydde hi ddim y rhaglen ydi hi heb ein gwrandawyr ffyddlon sy'n anfon llythyrau, negeseuon e-bost a lluniau di-rif. Edrychaf ymlaen at flwyddyn arall, a gobeithio bod y gyfrol hon yn cloriannu'n deilwng y 25 mlynedd ddiwethaf o *Galwad Cynnar*.

Larsen C
Mehefin 2017

Mae criw *Galwad* yn trafod digwyddiadau amgylcheddol rhyngwladol yn y stiwdio yn fynych. Un o'r mwyaf cofiadwy yw'r drafodaeth ar ysgafell rew Larsen C yn yr Antarctig rhwng Gerallt, Hywel Griffiths a Paula Roberts. Erbyn hyn, mae'r mynydd rhew wedi torri'n rhydd yn gyfan gwbl, ond dyma oedd y sefyllfa ym Mehefin 2017.

GERALLT   Dwi'n cofio gofyn ar y rhaglen yma rai wythnosau'n ôl, pan oeddan ni'n trafod y rhew yn yr antarctig, am enw'r talp mawr yma o rew o'r enw Larsen C, a dwi'n meddwl mai Paula ddeudodd ei fod o'n cael ei alw'n hynny am bod 'na Larsen A a B wedi bod o'i flaen o! Wel, Hywel, mae Larsen C yn tynnu sylw unwaith eto yr wythnos yma.

HYWEL   Ydi, ac mae 'na Larsen D, E, F ac G hefyd dwi'n meddwl, ar 'i ôl e!

GERALLT   Be ydi'r newyddion diweddaraf?

HYWEL   Mae o wedi cael dipyn o sylw dros yr wythnosau diwetha yn rhai o'r papurau: mae darn mawr iawn o ysgafell iâ Larsen C ar fin torri i ffwrdd a dod yn fynydd rhew – un o'r mwyaf i ni wybod amdano erioed. Mae Larsen C yn ysgafell iâ fawr iawn, yn rhan o'r llen iâ, ond mae 'na ddarn bach, sydd yn eitha sylweddol, bron â hollti i ffwrdd. Mae pobl wedi bod yn tynnu lluniau o'r hollt sy'n rhedeg ar ei hyd dros y misoedd diwetha, ac maen nhw'n meddwl y bydd hi'n torri ffwrdd ryw bryd eleni. Dach chi'n dychmygu y bydde hynny'n achosi pryder oherwydd lefel y môr ac yn y blaen, ond wrth gwrs mae'r darn yma o Larsen C yn arnofio ar y môr yn barod, felly

Y datblygiadau diweddaraf

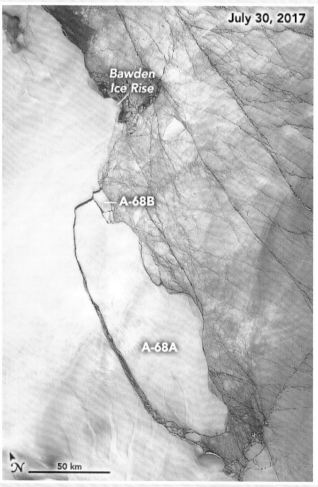

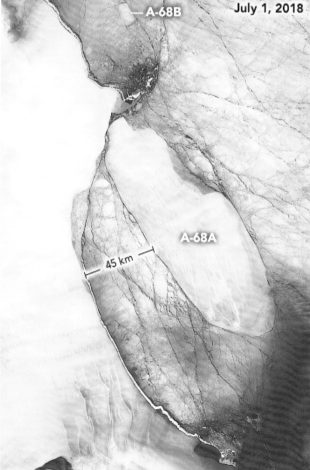

nid y ffaith fod y darn iâ yn torri ffwrdd yw'r broblem. Wrth i'r darn yma dorri i ffwrdd beth mae'n wneud yw dadsefydlogi'r iâ yn uwch i fyny ar y tir, a galluogi hwnna i symud yn gynt tuag at y môr. Yr iâ hwnnw felly, os fydd o'n toddi yn y dyfodol, fydd yn arwain at chydig o godiad yn lefel y môr.

GERALLT   Dwi wrth fy modd efo'r term 'ysgafell iâ', Hywel – mae o'n cyfleu naws y lle i'r dim, tydi. Be sy'n ddiddorol, Hywel a Paula, am y lluniau 'dan ni wedi'u gweld, ydi bod y rhan fwya wedi'u tynnu o awyren, a 'dan ni'n gweld adain yr awyren mor fach a disylw o'i chymharu â'r hollt anferth 'ma sydd yn y rhew oddi tani.

PAULA   Mae maint y crac, yn enwedig yn y darn deheuol lle mae o'n dechrau swingio allan i'r môr, yn sawl cilomedr ar draws erbyn hyn. Mae'r ysgafell iâ 'ma sy'n torri i ffwrdd oddi wrth silff Larsen C tua chwarter maint Cymru, dwi'n credu. Be sy'n ddiddorol, pan ti'n edrych ar y lluniau lloeren, ydi bod y crac wedi bod yn tyfu ers sawl blwyddyn o'r de i fyny i'r

gogledd a thop penrhyn Antarctica. Rŵan, yn y darn gogleddol, mae o wedi troi rhyw 90 gradd i'r dde am y môr, felly does 'na ddim hir oes i hwn yn sownd yn y cyfandir ei hun.

GERALLT   Pan fydd o'n gwahanu, felly, be allwn ni ddisgwyl?

HYWEL   Dwi'n meddwl y bydd 'na dipyn o gyffro ... dwi ddim yn siŵr i ba raddau y bydd hi'n bosib gweld a thynnu lluniau ohono fo, ond dwi'n meddwl y bydd y mynydd iâ yn un o'r mwyaf i ni ei weld erioed, ac mi fydd yn arwain at fwy o dorri o'r ysgafell iâ yn gyffredinol. Dyna be sy'n poeni pobl ynglŷn â chodiad yn lefel y môr – pe bai'r holl beth yn toddi byddai rhyw godiad o 10cm yn lefel y môr, sy ddim yn rhyw lawer, ond mae pobl yn 'i weld e fel rhyw fath o arwydd o be alle ddigwydd yn y dyfodol pe bai'r patrwm yma'n cael ei weld yn y rhannau eraill o Antarctica.

Y crac yn y rhew o awyren

Garndolbenmaen
Mehefin 2018

"... unwaith mae rhywun yma,
ei di ddim o'ma, 'de."
Cliff Williams, Llechwedd

Wrth i chi wibio – yn ofalus a chyfreithlon, wrth gwrs – ar hyd rhai o lonydd Cymru, mae'n hawdd i chi fynd i feddwl mai'r cyfan sydd 'na o Walia Wen ydi'r hyn a welwch chi o'r lôn fawr. Ac mi allwch chi fethu'r cyfle i weld rhan o wir harddwch 'rhen wlad annwyl 'ma o'r herwydd.

Cymerwch Garndolbenmaen yn enghraifft. Dyma i chi bentref, ac ardal gyfan o ran hynny, sy'n llechu mewn tipyn o bant yn y clytwaith o gaeau a ffriddoedd bychain sy'n codi'n raddol i gyfeiriad Craig y Garn o odre'r A487, y lôn fawr rhwng Porthmadog a Chaernarfon. Ac, ar waethaf y ddwy drofa lydan, a'r arwyddion sy'n bloeddio presenoldeb y lle, hawdd iawn fyddai i rywun feddwl mai dim ond llain gul o dir sydd yno, rhwng y lôn a'r mynydd. Does 'na fawr i'w weld o'r briffordd, heblaw ambell adeilad gwasgaredig ... a buwch neu ddwy, efallai. Mae gofyn derbyn gwahoddiad un o'r arwyddion a mynd i fyny'r lôn am sbel cyn y gwelwch chi bentref y Garn – a sylweddoli bod dipyn mwy o dir rhwng y lôn fawr a'r mynydd nag oedd yn amlwg o'r briffordd.

Petaech chi'n mentro mynd i fyny yno, a dilyn tynfa'ch ysbryd anturus ymhellach i grwydro i fyny'r lôn fach gul sy'n codi gydag ochr maes parcio'r pentref – gan anwybyddu'r arwydd sy'n eich rhybuddio nad aiff hi â chi i nunlle (fu 'na erioed arwydd mwy celwyddog ar bolyn swyddogol) – a gwingo'ch ffordd rhwng ychydig o dai a heibio sawl tro, pob un yn gulach na'r un o'i flaen, mi ddowch i gwr cwm arall, un annisgwyl o eang. Ac uwchben y cwm hwnnw mae fferm Llechwedd, a theyrnas Cliff Williams.

Ddiwedd Mehefin 2017, ar argymhelliad Kelvin Jones, ro'n i wedi bod yn recordio rhaglen ar gyfer y gyfres *Gwarchod y Gwyllt* ar dir un o'r bythynnod bychain tu draw i Llechwedd. A hynny, ar ôl y Mis Mehefin hen-ffasiwn o sych a braf gawson ni yn 2017, ar y diwrnod glawog gwlypaf i mi ei wynebu erioed. Ar ôl y recordio, roedd hi'n fater o'i gwadnu hi'n syth adref ac i'r gawod, i sychu. Ond er gwaetha'r glaw roedd y lleoliad, a'r gwaith mawr sy'n cael ei wneud i'w adfer i gyflwr ei ddyddiau gwell (sef tridegau'r

ganrif ddwytha, a chyn hynny) wedi gwneud cryn argraff arna i.

Bron i flwyddyn yn ddiweddarach, ar ddechrau Mehefin 2018 a finna'n meddwl 'mod i wedi ymddeol o'r BBC a ffarwelio â *Galwad Cynnar* am byth, dyma gael fy hun yn dychwelyd i'r Garn i recordio rhifyn arall o *Galwad*. Ro'n i'n awyddus i weld ardal y Garn ar dywydd tecach, a dyma gyfle gwych i wneud hynny. A chyfle hefyd i weld sut y gellir, gyda gofal a dulliau amaeth cyfrifol, adfer tir oedd wedi gweld dyddiau gwell yn ôl i gyflwr derbyniol iawn i ddyn ac i fywyd gwyllt. Diolch i'r drefn, roedd dechrau haf 2018 yn hirfelyn a thesog … a hollol sych.

Gerallt Pennant oedd y cyflwynydd, a braf oedd gweithio gydag o ar ôl ysbaid o bum mlynedd, ynghyd â Cliff Williams, Bethan Wyn Jones, Twm Elias, Math Williams, Kelvin Jones … a llond y wlad o heulwen deg.

Mae 'na lawer wedi dŵad yma, wedi troi o'r ffordd fawr, a tydyn nhw ddim yn coelio be maen nhw'n weld pan maen nhw'n dŵad i ben fan hyn. Maen nhw'n meddwl mai rhyw ddarn tebyg i be maen nhw'n 'i weld o'r lôn sy 'ma, ond mae 'na wlad eang o'u blaena nhw yn fan hyn, 'does. Mae tyddynnod a bythynnod yn frith o'n cwmpas ni: mae 'na dri Pen y Braich yma, Cae Anthony ydi hwnna fan'cw, yr ochor ucha iddo fo mae Ffridd Newydd, a tu isa i ni fan'cw mae Bryn Eithin. Mae Tan y Clogwyn o'r golwg yn y coed lawr fan'na … Bwlch y Bedol ydi'r murddun arall sy'n y coed. Doedd 'na ddim coed yma 'stalwm – clytia o gaea bach oedd yma cynt. Mae 'na sylfaen bwthyn chafodd mo'i godi i fyny yn y fan acw, a dim ond be welwch chi o'r fan yma ydi hynna …

Cliff Williams

Cliff Williams

caled, mae e'n oeri. Wrth gwrs, pan y'ch chi'n oeri rhywbeth mae e'n crebachu, on'd yw e? Mae e'n mynd yn llai – ond allwch chi ddim crebachu haenen fawr sy'n ymestyn o fan hyn i Graig Goch, Foel Goch, Craig Cwm Silyn … achos o'dd hwn yn ymestyn am filltiroedd i'r dwyrain a'r gorllewin. Os yw e'n crebachu all yr ochre ddim symud mewn, wedyn yn y canol mae cracie'n datblygu. Mae pob crac yn fwlch o filimedr neu ddwy, felly ry'ch chi'n cael y colofne 'ma o graig fel mae e i gyd yn oeri. A dyna yw'r colofne 'ma ar y top, yn edrych braidd fel crwybr mae gwenyn yn 'i wneud …

Math Williams

Os ydych chi'n mynd i ben y Garn ry'ch chi'n gweld colofne o graig. Mae'r colofne 'ma ryw bymtheg i dri deg centimedr ac maen nhw'n hecsagons yn y bôn, ac fel stribed hir rai metre o hyd – llwyth o golofne wedi'u pacio gyda'i gilydd, yn debyg i Sarn y Cawr yn Iwerddon. Canlyniad echdoriad folcanig anferth yw'r rhain – neu gyfres ohonyn nhw dros gyfnod cymharol fyr – ro'n nhw wedi casglu trwch mawr o'r llwch folcanig 'ma, ac achos bod cymaint o'r llwch 'ma yn pacio ar ben 'i gilydd, roedd e'n dwym. Ma'r llwch yn cadw'i wres am gyment o flynydde, mae e'n toddi iddo'i hunan ac yn ffurfio rwbeth sy bron â bod yn wydr. *Ignimbrite* yw'r term rhyngwladol amdano, neu'r hen derm Saesneg yw *ash-flow tuff*. Ond wedyn, fel mae e'n ffurfio'r haen yma o graig-wydr

BETHAN   Mae 'na gymaint o amrywiaeth. Sbia di, jest o dan ein traed ni mae gin ti'r friwydd wen [*Galium saxatile*, 'heath bedstraw'] yn tyfu'n hudolus ar fin y ffordd fan yma. A rhyw graig fawr a mwsog arni, a'r amrywiaeth o gen sy'n tyfu ar honna. Blodyn menyn, rhedyn ungoes, mymryn o fysedd y cŵn; a'r tu ôl i hwnna 'dan ni'n gweld coed cyll. Wrth ochor y wal gerrig yn fan yna, weli di, mae'r mymryn lleia o glycha'r gog yn dal ar ôl yn y cysgod.

GERALLT   Y briwydd wen 'ma rŵan 'ta – mae hon yn ewyn gwyn o flodau mân, ac yn cydio yn y lle mwya diffaith posib, am wn i …

BETHAN   Ydi, ar wyneb y graig, yn llythrennol. Mae hi'n hyfryd, ac mor dlws – yn enwedig pan ti'n cymysgu blodyn menyn hefo hi. 'Dan ni'n troi rŵan ar hyd y lôn drol 'ma, sy'n gynefin ynddo'i hun. Mae yma'r mymryn lleia o weiriau, ond mae gen ti lydan y ffordd [*Plantago major*; 'greater plantain'] hefyd, a dresgl y moch [*Potentilla erecta*; 'tormentil'], y blodyn bach melyn, tlws yma.

GERALLT Pedwar petal melyn a'r blodau ar goesyn; a'r dail yn debyg i ddail mynawyd y bugail – maen nhw'n fyseddog hefo bylcha bach …

BETHAN Dyma'r math o beth, wrth gwrs, 'dan ni'n disgwyl 'i weld wrth fynd i dir mwy mynyddig. Ac wedyn llus yn fan yma .. llwyni llus ar bob llaw. Pan ydan ni'n meddwl am y llus, meddwl am yr aeron ydan ni, ond wrth gwrs mae'n rhaid i ti gael blodau, yn does? Mae'r blodau hynny wedi pasio a be sydd ganddon ni yn y fan yma ydi'r aeron yn dechra ffurfio, yn rhyw laswyrdd, bron. Mae'r blodau yn rhyw liw pinc, ond 'dan ni byth yn sôn am y rheiny.

Sbiwch ar y tyddynnod bach 'ma. Bywyd caled iawn oedd o i'r hen bobol … Hefo caib roeddan nhw'n trin y tir 'ma, wedi'i ddwyn o oddi ar y mynydd. Dach chi'n sbio dros glawdd fan yna rŵan, Ffridd Tyddyn Graig: tir fel yna oedd o, 'de. Gyda'r nos, roeddan nhw'n mynd i dai gwair llawr gwlad i gael gwaelodion y gwair, lle'r oedd yr hadau wedi disgyn drwadd, a hau'r rheiny.

Bob tro ma' rhywun yn rhoi caib yn y ddaear fan hyn mae 'na garreg, a phan dach chi'n codi honno mae 'na garreg arall wedyn. Mae 'na walia lawr fan'cw, sy'n wyth troedfedd ar draws y top – iwsio'r cerrig oeddan nhw, yndê … roedd yn rhaid i'r garreg fynd i rwla, yn doedd? Crafu byw o ddifri. 'Dan ni ddim yn gwybod 'i hanner hi. Fydda i byth yn cwyno … dwi 'di clywed sôn fel roedd rhai yn cerdded o'r hen dyddynnod bach 'ma i ben draw Pennant i brynu dau fochyn bach a dŵad â nhw adra mewn sach, dan 'u cesail; un mochyn i dalu'r rhent a'r llall iddyn nhw. Mi oedd dau fochyn bach yn reit ysgafn, dwi'n siŵr, pan oeddan nhw'n cychwyn o Blaen Pennant, ond erbyn cyrraedd fan hyn, roedd o'n faich reit drwm ma' siŵr, 'doedd? Y ddynes oedd yn mynd i nôl y moch, a'r rheiny'n cicio ac yn strancio, ma' siŵr. Y peth ydi, yr icwaliti 'ma maen nhw'n sôn amdano fo heddiw, roedd o yma 'radag hynny, 'doedd?

Cliff Williams

Garndolbenmaen – y paradwys cudd

TWM Hefo'r math yma o fân-dyddynnod – dwy neu dair acer 'falla – roedd 'na chwareli jest dros y top yn fan acw, ac roedd pobol yn cael 'u bywoliaeth o'r chwareli ac yn tyddynna. Roedd y teulu'n edrych ar ôl y tyddyn, hefo ryw fochyn, buwch 'falla, a chydig o ddefaid … dim mwy na ryw hanner dwsin, o bosib. A'r defaid i fyny ar y mynydd, ar y tir comin. Hon oedd yr economi tair acer a buwch. A phetai rhywun yn sbio ar fap manwl sy'n dangos y caeau ac ati – y mapiau dwy fodfedd a hanner 'ma – mae'n bosib gweld, o tua phum can troedfedd [uwchben lefel y môr] i fyny at ryw chwech a hanner, 'ballu, band llydan o'r mân-dyddynnod 'ma yn ymestyn reit rownd o'r fan yma draw am Nebo, jest rownd y gongl, ac wedyn draw, reit i lawr i Ddyffryn Nantlle a throsodd i Cesarea a Rhosgadfan; draw i Waunfawr a throsodd eto i Lanberis. Ac yn ddifyr iawn – 'dan ni'n gweld Graig Goch fan yna rŵan – roedd 'na hen gyfaill yn gweithio fel bugail i'r tyddynwyr, a'i job o oedd bugeilio'r defaid i wneud yn siŵr 'u bod nhw'n pori'r mynydd yn iawn. Bob bore, roedd y ci yn gyrru'r cwbwl reit i fyny i'r topia, wedyn roeddan nhw'n gweithio'u ffordd i lawr i'r gwaelodion erbyn gyda'r nos. A bob bore, roedd o'n 'u gyrru nhw i fyny i'r topia eto, ac roedd y mynydd yn cael 'i bori i gyd, fwy neu lai, yn doedd, yn lle bod y defaid – fel y basan nhw'n gwneud yn naturiol – yn cadw ar y lle gora. Wedyn, mi fasa'r gweddill wedi mynd yn rug ac yn eithin ac yn dda i ddim. Felly roeddan nhw'n pori yn weddol gall. Ond ar ôl i'r chwareli ddechrau dirywio, doedd na ddim mwy o waith … ac yn y tridegau roedd y welffer wedi dŵad – y dôl ac ati. Ond y peth oedd, wrth gwrs, bod rhywun yn cael y dôl os oedd o allan o waith ac yn byw mewn tŷ teras mewn pentref, ond roedd disgwyl i dyddynwyr fod yn hunangynhaliol, a doeddan nhw ddim yn cael y dôl. Felly, roedd pobol yn rhoi'r gorau i'r tyddyn a symud i lawr i'r pentref, a llawer o'r tyddynnod bach 'ma'n mynd yn wag neu yn cael eu huno hefo rhai eraill.

GERALLT Erbyn heddiw, Cliff, mae rhai o'r tyddynnod wedi cael 'u diddosi, a phobol yn dod yn ôl. Maen nhw'n llefydd hynod o ddymunol, yn enwedig ar ddiwrnod braf fel heddiw …

CLIFF Ydyn. Y camgymeriad mwya wnaeth yr awdurdodau oedd condemnio'r hen dyddynnod a hel y bobol i'r tai cownsul. Dwi'n cofio ryw hen fachgan oedd wedi gweithio ar y cynllun hwnnw yn deud wrtha i 'stalwm, 'peth gwaetha wnes i, Cliff, oedd condemnio'r tyddynnod 'na a gyrru'r bobol lawr i'r tai cownsul – 'sa'n well tasan ni wedi gwario'r arian yn gwella'u cartrefi iddyn nhw.' Oes, mae 'na bobol yn dŵad yn ôl 'ma rŵan, ond does 'na ddim ond fi yma sy'n Gymraeg erbyn hyn, felly dwi am fyw nes bydda i tua dau gant!

Un o gampweithiau Cliff Williams

Gair y Gwyddonydd

Mae Deri Tomos, Athro Biocemeg ym Mhrifysgol Bangor cyn iddo ymddeol yn 2016, yn llais cyfarwydd i wrandawyr *Galwad Cynnar*. Yn ogystal â chyfrannu i slot Cemegyn y Mis, mae'n llwyddo'n fynych i egluro cysyniadau go gymhleth mewn ffordd hygyrch a difyr.

Gwymon

Dach chi i gyd wedi gweld y ffilm *Alien*, yn do, y cylch bywyd lle mae un math o fywyd yn creu bywyd arall ac yn y blaen mewn rhyw gylch mawr. Wel, mae'r gwymon yn llawer mwy diddorol a chymhleth na'r *Alien*'ma. Gwymon coch, efallai, ydi'r rhai mwyaf diddorol. Mae 'na nifer o'r rheiny, mae 'na dair cenhedlaeth iddyn nhw – dychmygwch fod eich plant chi i gyd yn edrych fel crancod, wedyn eu plant nhw i gyd yn edrych fel mwydod. Yn sydyn reit, mae'r mwydod yn rhoi genedigaeth i fabis bach eto, a dach chi'n cychwyn yr holl gylch eto. Wel, dyna'r union beth sy'n digwydd gyda gwymon.

Defnydd newydd i wymon y Foryd!

Cemegyn y Mis
Mehefin 2017: Siwgr

Bore 'ma, wnes i feddwl y bydden ni'n dewis pwnc sydd o flaen y gwrandawyr yr eiliad hon, sef siwgr. Wedi'r cyfan, siwgr ydi petrol popeth byw: anifeiliaid a phlanhigion yn arbennig. Fe allen ni drafod am hanner awr broblemau siwgr, ond gormodedd, wrth gwrs, ydi'r broblem – petaech chi'n bwyta gormod o carotene, y fitamin sydd mewn moron, byddech chi'n troi'n felyn a marw – ac mae siwgr yn union yr un fath.

Un o'r cwestiynau yw pam ein bod ni mor hoff ohono fe – a'r ateb yw ei fod o'n egni sydyn iawn. Mae esblygiad wedi sicrhau bod ganddon ni atyniad arbennig iddo fe, yn bobl ac anifeiliaid. Ym myd natur, mae e i'w gael mewn mêl, wrth gwrs, a ffrwythau melys.

Mae planhigion yn llawer callach nag anifeiliaid ac yn medru chwarae hefo nhw. Un ffordd o wneud hyn yw defnyddio'r pethe melys i'w denu nhw, fel ffordd o ddosbarthu'r hadau. Pan 'dan ni'n bwyta afal be 'dan ni'n wneud mewn gwirionedd ydi cario hadau'r afal o gwmpas y lle (ac mae'n rhy gynnar yn y bore i sôn am be 'dan ni'n wneud efo'r hadau wedyn, pan maen nhw'n dod allan y pen arall). Felly mae siwgr nid yn unig yn rhan o borthiant ond hefyd yn ffordd o ddosbarthu hadau.

Mae sawl math o siwgr i'w gael. Swcros ydi'r math o siwgr ry'ch chi'n ei roi yn eich coffi. Mae swcros, yn gemegol, yn ddwy uned sy'n sownd wrth ei gilydd – fel pâr o ddawnswyr ar *Strictly*, fraich ym mraich gyda'i gilydd. Mae 'na ddwy ffynhonnell iddo fo: yr un traddodiadol ydi siwgr cân, y *cane sugar*, sy'n dod o'r Caribî, a betys siwgr, sy'n beth gafodd ei greu yn reit ddiweddar, lai na thair canrif yn ôl, yn ateb i broblem wleidyddol. Adeg rhyfel Napoleon, rhyfel Ffrainc ar ddiwedd y ddeunawfed ganrif – yn debyg iawn i heddiw – roedd 'na ryw *ultra-Brexit*, fel petai. Doedd gwledydd Prydain ddim yn gysylltiedig â'r Cyfandir, ac roedd y Cyfandir – pobl gyfoethog Ffrainc, yr Eidal, yr Almaen – hefyd yn cael eu siwgr o'r Caribî. Wrth gwrs, pan ddaeth y rhyfel hwnnw doedd dim modd cael y siwgr i'r cyfandir drwy wledydd Prydain, ac mi wnaeth Napoleon ei hun, mae'n debyg, ofyn i wyddonwyr y cyfnod ddyfeisio ffynhonnell arall o siwgr. Be ddaeth o hynny oedd betys siwgr – penderfyniad gwleidyddol oedd creu'r planhigyn yma.

Pam bod hyn yn bwysig heddiw? Os y'ch chi'n rhoi siwgr yn eich te mae ganddoch chi'r un siawns o fod yn defnyddio siwgr cân a betys siwgr. Mae siwgr *Tate & Lyle* yn siwgr cân, ond mae *Silver Spoon* yn siwgr Prydeinig, sy'n cael ei gynhyrchu yn nwyrain Lloegr. Mae tua thraean o'n siwgr ni nawr yn dod o fetys, ac mae'r cynnyrch betys hwnnw'n cael ei warchod gan y Llywodraeth rhag ofn i ryfel arall dorri allan. Roedd e wedi'i wladoli tan gyfnod Thatcher, ond mae'r Llywodraeth yn 'i gynnal e am resymau gwleidyddol, os mynnwch chi.

Technoleg y Fuwch Goch Gota

'Dan ni i gyd, mwy na thebyg, wedi gweld y creadur bach coch, smotiog 'ma yn agor yr *elytra*, sef y cas sydd ar yr adenydd, a pwff! I ffwrdd â hi wedyn. Weithiau pan mae hi'n glanio, mae hi'n symud fel hen ledi yn trio dod allan o'i staes i gael yr adenydd 'nôl yn eu lle. Mae e fel cagŵl: mae hi'n bwrw glaw, ry'ch chi'n tynnu'r cagŵl allan o'r bag ... sut yfflon y'ch chi'n 'i roi e'n ôl yn y bag bach wedyn? Sut mae'r fuwch goch gota yn cael ei hadenydd allan yn y lle cynta, ac yna yn ôl? Mae'r peth yn wirioneddol ryfeddol.

Mae tîm o wyddonwyr Japan yn astudio hyn drwy ddefnyddio technoleg CT. Efallai fod rhai o'r gwrandawyr wedi cael sgan CT ar goes neu beth bynnag – wel, dychmygwch wneud meicro-CT ar adenydd buwch goch gota! Dyna lefel y dechnoleg feddygol a meicrosgopig. Roedden nhw isie gweld beth oedd yn digwydd tu mewn, ond wrth gwrs mae'r gramen yno, on'dyw hi, efo'r smotiau

bach arni. Sut yn y byd ydych chi'n edrych drwy hwnnw? Nawr, mae'r darn nesa 'ma chydig bach yn ych-a fi, felly peidiwch gwrando os y'ch chi ar eich brecwast. Mi wnaethon nhw wedyn, o dan y meicrosgop, dorri un o'r rheiny i ffwrdd – heb frifo gweddill yr anifail, felly – a sticio un blastig yn ei lle, un dryloyw. Roedden nhw'n gallu ffilmio wedyn drwy'r clawr tryolyw 'ma gyda chamera oedd yn tynnu tair i bedair mil o luniau bob eiliad. Nawr, ry'n ni'n ôl gyda ffilm y *Matrix* fan hyn – maen nhw'n gallu arafu popeth lawr, a dyna, a dweud y gwir, yw un o'r gwersi sy'n dod allan o'r stori yma: be ydi amser? I bryfetyn, mae nano-eiliad yn oes, on'dyw hi? Roedden nhw'n gallu ffilmio wedyn sut oedd hwn yn agor. Mewn degfed rhan o eiliad, mae'r fuwch goch gota'n gallu agor yr adenydd a hedfan i ffwrdd, ond mae'n cymryd chydig bach yn fwy i'w lapio nhw'n ôl. Mae'n ofnadwy o gymhleth.

Mi wnaeth y gwyddonwyr ffendio dau beth. Yn gynta, mae plygiadau arbennig iawn, iawn, fel origami, ar yr adenydd, a hwnnw oedd y brif gyfrinach. Y peth arall oedd – ac ro'n i'n sôn am yr hen ledi 'na gyda'i staes – bod y creadur bach yn siglo'i abdomen ac yn symud 'i gorff, a hwnnw wedyn oedd yn gallu lapio'r cyfan at 'i gilydd.

Pam gwneud pethau fel hyn? Wrth gwrs, mae hyn yn ddrud – mae wedi costio, mae'n debyg, cannoedd o filoedd i sefydlu rhyw lab yn rywle i wneud hyn. Yn y papure newydd maen nhw'n cymharu'r peth i agor ambarél, a honno'n troi tu chwith allan. Sut y'ch chi'n agor a chau ambarél? Mae'n rhaid iddi fod yn gryf, i ddefnyddio trosiad yr ambarél, yn erbyn y gwynt; mae'n rhaid iddi hedfan, ac mae'n rhaid bod yn hyblyg i blygu. Falle fod cymhariaeth yr ambarél dipyn yn wamal, ond dwi wedi bod yn gweithio ar enghreifftiau cyffelyb i hyn gyda phlanhigion. Bryd hynny, y diddordeb mawr oedd gyrru lloeren i'r gofod: ry'ch chi wedi pacio'r lloeren fel blaguryn, a dyna'r math o beth roedden ni'n gweithio arno fe, ac mae angen, ar ôl cyrraedd, agor popeth; y paneli solar, y systemau telethrebu. Maen nhw i gyd yn agor fel blodeuyn, ond ar yr achlysur yma, yn agor fel y fuwch goch gota. Biomimetig 'dan ni'n galw hyn, sef edrych ar natur, ei gopïo fe ar gyfer peirianneg hollol anfiolegol, ac mae 'na arian mawr ynddo fe. Felly ymgais go iawn ydi hyn i edrych ar sut mae natur wedi ateb y cwestiynau 'ma.

Chwarel Minera
Mehefin 2018

'Mae gweddill y byd yn diflannu pan 'dach chi'n dod i le fel hyn ...

Iwan Edwards

Oni bai bod Kelvin Jones yn y car hefo fi, yn nafigetio, fyddwn i erioed wedi llwyddo i gael hyd i Chwarel Minera. A dwi ddim yn hollol siŵr y gallwn i ddychwelyd yno heddiw chwaith, heb nafigetor. Dyma, yn 2018, warchodfa ddiweddaraf Ymddiriedolaeth Bywyd Gwyllt Gogledd Cymru a hefyd, fel dwi'n ysgrifennu hwn, daith ddiweddaraf *Galwad Cynnar* allan i'r 'gwyllt'.

Ym mherfedd gwlad mae Chwarel Minera, ond gwlad o safleoedd diwydiannol a phentrefi mawr a bach ydi honno, rhywle rhwng cefnau Wrecsam a'r A55. Mae hi'n agos i bentrefi Gwynfryn, Coedpoeth, ac (wrth gwrs) Minera. Mae'n anodd dychmygu sut y gallai unrhyw un fethu â dod o hyd i safle mor fawr, ond mewn drysni o lonydd llydan a chul, a dyn a ŵyr faint o ganlyniadau gweithgaredd dynol – yn hen ac yn newydd, mawr a bach, ym mhobman – mae'n syndod pa mor anweledig y gall chwarel, fu tan yn lled ddiweddar yn lle prysur iawn, fod. Os ydi'r dechnoleg ganddoch chi yn y car, dywedwch wrtho am eich arwain i SJ253520, a siawns yr aiff â chi yno. Mae'n haws gen i ddibynnu ar nafigetor go dda, ond sut bynnag yr ewch chi yno, mae'n werth buddsoddi pnawn o'ch amser yn y warchodfa newydd hon.

Mae chwareli plwm, sinc, alcam a glo yn y cylch, ond chwarel galch oedd hon – 'Y Calch' oedd yr enw lleol arni – ac mae'r cofnodion cyntaf amdani yn dyddio'n ôl i 1620. Daeth i'w hanterth ryw ddau gan mlynedd yn ddiweddarach, a hon oedd y chwarel galch fwyaf yng ngogledd Cymru ar un adeg. Gallai gynhyrchu 200,000 tunnell o galch y flwyddyn, os nad mwy, pan oedd hi yn ei bri. Rhoddwyd y gorau i gynhyrchu calch yno yn 1972, ond daliwyd ati i chwarelu'r calchfaen tan 1993. Prin fu'r defnydd a wnaed o'r safle wedyn, a chafodd natur gyfle i ailfeddiannu ei thiriogaeth. Ac fe wnaeth hynny â'i harddeliad arferol. Prynodd Ymddiriedolaeth Bywyd Gwyllt Gogledd Cymru y lle oddi ar gwmni Tarmac am bunt, ac fe'i hagorwyd yn warchodfa bywyd gwyllt ar yr ail o Fehefin, 2018.

Chwarel Minera

Fel rheol, pan fydd rhaglen fel *Galwad* yn ymweld â safle sydd ar garreg galch, y fotaneg fydd yn mynd â bryd y naturiaethwyr ... er y bydd myrdd o fywyd gwyllt arall yno, wrth gwrs. Mae hyn oherwydd bod nifer o'r planhigion a welwch chi ar safle o'r fath yn blanhigion na welwch chi mohonyn nhw ar safleoedd eraill. Ac os ydi'r amodau i gyd yn iawn (ac maen nhw'n berffaith yn hen Chwarel Minera) mae'n bosib iawn y bydd yno nifer dda o'r planhigion sydd fel Greal Sanctaidd i gymaint o fotanegwyr: y tegeirianau.

I geisio dal y tegeirianau ar eu gorau, ymwelodd *Galwad Cynnar* â Chwarel Minera ar yr ugeinfed o Fehefin 2018, a darlledwyd y rhaglen dridiau wedyn. Iolo Williams oedd y cyflwynydd, gyda Kelvin Jones a'r daearegwr Math Williams, ynghyd â Nia Haf Jones ac Iwan Edwards, y ddau o Ymddiriedolaeth Bywyd Gwyllt Gogledd Cymru, yn westeion.

MATH   Calchfaen sydd yma. Ry'n ni ar gyrion ardal ddiwydiannol fawr, sef maes glo holl ardal Wrecsam. Mae pobl yn siŵr o fod yn cofio enwau fel Gresffordd, Llai a Bersham; ac mae glo, calch a dur yn Brymbo, y tri pheth yna'n aml yn mynd gyda'i gilydd. O'dd peth o'r calch 'ma – calch Carbonifferaidd isaf yw e – yn mynd yn ddeunydd adeiladu ac i wneud ffyrdd, ond hyd at 1972 roedd dau draean o'r calch yma'n cael ei losgi i'w daenu ar y tir, a pheth yn mynd i'r gwaith dur ar ryw gyfnod, mae'n siŵr, achos mae'n rhaid i chi gael calch a glo a haearn er mwyn gwneud dur.

Un o ogofâu yr hen chwarel

'Dan ni wedi cael cudyll coch yma, a gwalch glas hefyd. Mae'r siff-saff yn galw er 'i fod hi dipyn bach yn wyntog i'w clywed nhw. Mae telor yr helyg yma, ehedydd, jac-y-do ... Ond be sy'n neis ydi, fel ma'r chwarel yn mynd yn wyllt eto, bod natur yn 'i chymryd hi'n ôl, ac mae'r adar yn 'i dilyn hi i mewn. Be dwi'n lecio am y fan hyn ydi ein bod ni ryw chwarter awr o ganol Wrecsam, a phan ti'n dŵad i fyny yma, does 'na'm byd yma, nagoes, dim ond natur. Mor agos, ac mor hawdd i ddŵad yma ...

Kelvin Jones

IOLO   Y galchfaen yma ... mae 'na galchfaen ar Ben y Gogarth, yn does, a chalchfaen yng Nghlwyd, yma ac acw. Yr un galchfaen ydi hi?

MATH   Ie, yr un un yw hon, ac mae hon yn rhan o'r gefnen 'ma – cefn mawr yn mynd o'r fan yma, ar bwys Minera, Coedpoeth, ac yn rhedeg o dan Mynydd Esclys (*Esclusham*), i lawr Mynydd Rhiwabon, a'r holl ffordd i Eglwyseg ar bwys Llangollen. Mae'r holl gefnen o galchfaen ryw saith cilomedr o hyd. Ac ar ei ben e ma'r tywodfaen, a'r tywodfaen hwnnw sy'n cael ei ddefnyddio yn yr adeilade lawr yn Wrecsam, a hyd yn oed Minera. Dy'n nhw ddim yn defnyddio'r galchfaen gymaint â hynna ar gyfer y tai, sylwais i wrth yrru drwodd – falle am fod y tywodfaen ar 'i bwys e, ac mae'n haws torri hwnnw, a'i naddu e i'w siapio i wneud corneli tai a phethach.

IOLO   Mae 'na ryw odynau arbennig yma ar gyfer llosgi'r calch ... odynau Hoffman?

NIA   Oes – mi gafodd 'na dri 'u hadeiladu yma yn Oes Fictoria, ac mae un yn dal mewn cyflwr da ac yn lle ffantastig i slumod. Mae o'n anferth – mae ganddo fo ryw ddeunaw mynedfa. Mae'r safle yma i gyd yn lle ffantastig am slumod, yn lle pwysig .. mae o'n un o'r safleoedd gorau ar gyfer ystlum Natterer …

IWAN A'r ystlum hirglust hefyd, a'r Daubenton's.

NIA A'r ystlum bedol leiaf. Felly mae 'na sawl rhywogaeth yma, ac maen nhw'n cael 'u gwarchod, wrth gwrs. Maen nhw'n heigio yma yn yr hydref.

IWAN Maen nhw'n dod yma i fridio, ac wedyn yn gaeafgysgu yma hefyd.

NIA Mae o'n *swarming site*, fel maen nhw'n 'i alw fo.

IWAN Y rheswm 'u bod nhw wrth eu bodde yma ydi'r tymheredd a'r lleithder – tydi o byth yn

Recordio hanner awr gyntaf y rhaglen

newid yn yr hen odyn Hoffman mawr … Wrth gwrs, ar y funud, does 'na ddim llawer i mewn yna; ond tydan ni ddim yn cael mynd i mewn. Mae'r drysau wedi'u cau. Ond rwyt ti wedi bod yma o'r blaen, yn do, Nia?

NIA Do, mi fues i yma chydig o flynyddoedd yn ôl hefo Grŵp Slumod Clwyd, yn gwneud arolwg o'r slumod, ac ro'n i'n lwcus i gael mynd i mewn i'r Odyn Hoffman i gyfrif … roedd 'na filoedd yno.

IOLO Be sy'n taro rhywun yn syth ydi pa mor lliwgar ydi hi yma. I feddwl mai chwarel oedd hi, a dim ond wedi cau i lawr ers 1993 neu rwbath felly, mae'r lle yn fyw o flodau.

IWAN Pan o'n i yma bythefnos yn ôl roedd y lle yn llawn o bys y ceirw, *Lotus pedunculatus*, ac fel 'dach chi'n gwybod mae 'na nifer fawr o loÿnnod byw yn yfed y neithdar o'r planhigyn arbennig hwn, ac roedd y lle yn hollol felyn. Rŵan yr *hawksbit* sydd wedi cymryd drosodd …

IOLO Mae'r rheiny fel ryw ddant y llew tenau, tydyn, yr *hawksbits*? Ac ro'n i'n gweld llygaid llo bach yma, yr *ox-eye daisies*, wrth i ni gerdded i fyny, a hefyd tegeirianau. Mae 'na glwstwr o rai eitha tal yn y fan yma, rhyw ugain centimedr o daldra; dail smotiog, ac mae'r petalau yn borffor golau hefo ryw linellau tywyll ar un o'r petalau. Pa fath ydi'r rhain?

IWAN Mi faswn i'n deud mae tegeirianau brych – y *common spotted* – ydyn nhw. Ond dwi'n gwybod 'u bod nhw'n heibrideiddio lot ar y safle yma hefyd.

IOLO Mae 'na bentwr o degeirianau fan yma. Rhai bychan ydi'r rhain, pinc, ac mi faswn i'n deud mai tegeirianau bera – *pyramidal orchids* – ydyn nhw. Mae 'na siâp triongl ar y clwstwr blodau, ac maen nhw'n llai na'r rhai brych welson ni'n gynharach. Mae 'na chydig o farciau ar y dail, ond allwch chi ddim dweud 'u bod nhw'n smotiau amlwg.

Llawr y chwarel

Be sy'n gwneud y safle yma mor ddiddorol ydi'r ffaith na does 'na ddim pridd yma. Mae'r haen mor denau, dim ond cerrig sydd dan ein traed ni. Ond mae'r planhigion sy'n tyfu yma yn arbenigo mewn pridd calchaidd. Dydi'r math o laswellt dach chi'n 'i weld ar dir ffarmio ddim yn gallu bodoli fan yma – dydyn nhw ddim yn gallu cystadlu oherwydd nad oes digon o faeth yn y pridd – ond mae'r blodau gwyllt 'ma yn ffynnu yn y safle yma. Mae'r *Lotus penduculatus* o'n i'n sôn amdano o'r blaen, pys y ceirw neu *bird's foot trefoil*, mae hwnnw'n gosod nitrogen o'r aer yn y pridd, a dene sut mae o'n gallu bodoli yma.

Iwan Edwards

IWAN   Mae 'na feillion coch yn y fan hyn – eto, planhigyn sy'n gallu gosod ei nitrogen ei hun, a dyna pam mae o'n gallu ymgartrefu mewn haen o gerrig – prin fod 'na bridd yn y fan yma chwaith. Mae'r planhigion 'ma i gyd yn gallu edrych ar ôl eu hunain dan amodau caled … Mae gwyfynod ac ieir bach yr haf, yn enwedig un rhywogaeth eitha prin sydd yma, y gwibiwr llwyd, neu *dingy skipper*, wrth eu bodd hefo'r meillion coch 'ma. Dwi'n meddwl bod hyn oherwydd safon y neithdar hefo'r planhigyn yma. Mae o'n neithdar o'r safon uchaf gyda lot o brotin ynddo fo – mae o'n well na neithdar y feillionen wen. A'r un peth hefo pys y ceirw hefyd, felly mae'r gloÿnnod yn cael mwy o egni allan o'r neithdar sydd, wrth gwrs, yn bwysig iawn iddyn nhw.

MATH   O! Ry'n ni'n gweld nawr pam mai dyma waelod y chwarel. Os edrychwch chi ar y garreg fan hyn, mae hi'n garreg hollol wahanol [i'r calchfaen] – fel ryw siâl budr gyda holltiad naturiol ynddi. Rhyw lechen wael yw hi, y math o graig welwch chi yn y rhan fwyaf o orllewin Cymru a dweud y gwir – dyma'r garreg Ordoficaidd. A jest uwch 'i ben o yn y fan yma, ry'n ni'n gweld y gwelyau mawr trwchus o'r galchfaen. Dyma fyddai'r traeth ar un adeg, traeth a'r garreg 'ma'n dangos, a base'r môr twym wedi dod dros y traeth a'r cregyn yn y môr 'ma. Wedyn, yn ara deg, base'r gwelyau 'ma o galchfaen wedi datblygu. Dyma'r *unconformity* – mae *gap* o amser, *gap* o ddege o filiyne o flynyddoedd rhwng yr Ordoficaidd yn y fan yma, sydd wedi cael ei blygu a'i anffurfio, ac wedyn wedi cael ei erydu, a'r môr wedi dod drosto, a'r calchfaen wedi gwaddodi ar 'i ben e – y galchfaen Carbonifferaidd. Mae'r Ordoficaidd oddeutu pedwar can pedwar deg miliwn o flynyddoedd oed a'r Carbonifferaidd ar 'i ben e tua thri chant tri deg miliwn … can miliwn o flynyddoedd rhwng fy nhraed a 'mhen-glin.

Can miliwn mlynedd o hanes ...

CENT 12/12/18.